Bücherwelten

Bücherwelten

Von Menschen und Bibliotheken

Texte von Susanne von Meiss
Fotos von Reto Guntli

Gerstenberg Verlag

I Büchertempel

II Bücher sammeln

III Wohnen mit Büchern

IV Buch & Kunst

V Büchermacher

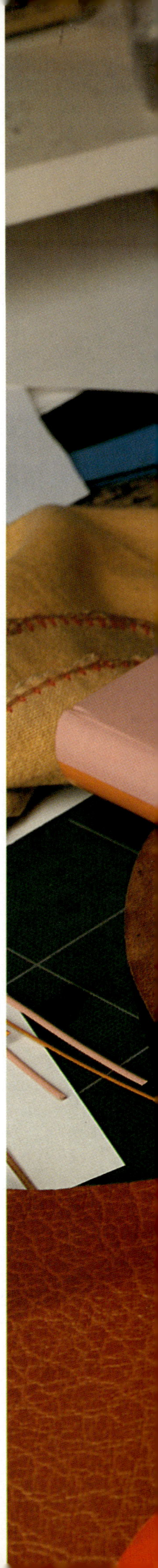

ALLEN & OVERY

CANOVA
GOYA
Grünewald
Frans Hals
RENOIR
Rembrandt
GUIDO RENI
SARGENT
JASPER JOHNS
WASSILY KANDINSKY
JANSSEN EROS TOD MASKE
PAUL KLEE
DEGAS
DEGAS Die Portraits
Manet
HANS VON MARÉES
Velázquez
SOTHEBY'S
Edgar Degas

Vorwort

»Von den vielen Welten, die der Mensch nicht von der Natur bekam, sondern sich aus dem eigenen Geist geschaffen hat, ist die Welt der Bücher die größte.« Hermann Hesse spricht mit diesem Gedanken vielen Menschen, seien sie biblioman, bibliophil oder dem Buch einfach nur freundschaftlich verbunden, aus der Seele. Wir schaffen uns Bücherwelten, weil wir uns mit ihnen und in ihnen wohl fühlen, weil wir uns in ihnen entspannen können, weil sie unseren Geist anregen, bei unserer Arbeit hilfreich sind, unser Zuhause verschönern, uns verzaubern, uns entführen, uns die Welt um uns herum vergessen lassen.

Von den verschiedenartigsten Bücherwelten erzählt der vorliegende Bildband. Er zeigt, welche Vielfalt an Möglichkeiten der Umgang mit Büchern eröffnet, und lädt ein, in einige der schönsten und interessantesten Bibliotheken der Welt einzutauchen. Gleichzeitig werden Bücherfreunde viele Anregungen für die Gestaltung ihrer eigenen Bücherwelt, ihrer privaten Bibliothek, finden.

Laut *Brockhaus* ist eine Bibliothek eine »planmäßig angelegte Büchersammlung«. Doch was ist planmäßig? In der öffentlichen Bibliothek wird nach einer anderen Systematik gesammelt als in der Privatbibliothek, ein Schriftsteller legt andere Maßstäbe an als ein Designer, ein Verleger oder ein Literaturagent wiederum andere als ein Buchkünstler oder ein Kunstsammler.

Doch gleich welches Ordnungsprinzip einer Sammlung zugrundeliegt – sei es ein ästhetisches, chronologisches, geographisches, biographisches oder schlicht das Alphabet, sei es die Einteilung nach Sachgebieten, Sprachen oder literarischen Epochen: Nie wird das einzelne Buch hinter dem Ganzen der Sammlung zurücktreten, niemals werden Sammler ihre Freude am einzelnen Werk verlieren. Und weil es das individuelle bibliophile Liebhaberstück, die historische Erstausgabe oder einfach der mit Begeisterung verschlungene Roman ist, denen die spontane Zuneigung der Bücherfreunde gilt, sammeln sich Bücher ganz von allein, bevor systematisch Lücken gefüllt und neue Sammelgebiete aufgebaut werden.

Bücher sind Gefährten, Freunde, Ratgeber, Quell des Wissens; Bücher wachsen mit uns, begleiten uns auf unseren Reisen oder wachen über unseren Schlaf. Bücher bevölkern nicht nur Bibliotheken, Bücher finden sich im Wohnzimmer oder in der Küche, im Schlafzimmer, im Kinderzimmer oder im Flur. Bücher sind nicht wegzudenken aus dem Leben der Menschen. Auch wenn immer wieder über das »Ende des Gutenbergzeitalters« spekuliert wird, in dem elektronische Medien das Buch ersetzen – bis auf weiteres gibt es keinen bequemeren Ersatz. Und wer wollte die inspirierende Atmosphäre missen, die entsteht, wenn wir uns, umgeben von Bücherstapeln, auf die Suche nach der einen Information machen und darüber ins uferlose Schmökern geraten?

Zur Buchkultur gehört Sinnlichkeit: Wer streicht nicht gerne über einen ledernen Einband, wer atmet nicht gern den Geruch der Jahrhunderte ein, wer begeistert sich nicht für die typographisch perfekte Abstimmung der Form auf den Inhalt, für illustrativen Schmuck und eine liebevolle Gestaltung?

Und so führt uns der Weg in diesem Buch durch die Tempel und Paläste, die zu Ehren des Buches errichtet wurden; durch stilvolle und gemütliche Privatbibliotheken; zu Handwerkern, die Bücher zu sinnlichen Kunstwerken gestalten: zu einem Kalligraphen, zu einem Drucker, zu einem Buchbinder. Er führt auch zu den Menschen, die den Inhalt der Bücher verantworten: zu Schriftstellern, zu Literaturagenten und zu Verlegern.

Doch das letzte Wort behält, wie immer, der Kritiker.

Susanne von Meiss

Consiliorum sive Re-
sponsorum D. Matthaei
Bruni Volumen primum
et secundum complectentia
Consilia 74. Francisci Vegii
Consilia 122. D. Gerardi
29. 45.
Consilia 125 D.
29. 44.
9. 4. 3.

I Bücher-tempel

Geistliche Bibliotheken
Stiftsbibliothek St. Gallen
Biblioteca Angelica, Rom

Hofbibliotheken
Herzog August Bibliothek Wolfenbüttel
Bibliothek Friedrichs II., Schloß Sanssouci, Potsdam
Bibliothek des Königlichen Hausarchivs, Den Haag

Staatsbibliotheken
Österreichische Nationalbibliothek, Wien
Bibliothèque nationale de France, Paris

Stiftsbibliothek St. Gallen

Oben: Vergitterte Bücherschränke bieten Schutz vor Diebstahl.
Links: Blick Richtung Norden in den barocken Bibliothekssaal von St. Gallen. Die ägyptische Mumie Schepenese (hinten rechts) stammt aus dem 7. Jahrhundert v. Chr.

Im Jahre 612 n. Chr. gründete der irische Wandermönch Gallus eine Einsiedelei, aus der hundert Jahre später das Kloster St. Gallen in der heutigen Schweiz entstehen sollte: Der alemannische Mönch Otmar übernahm 719 als erster Abt die Führung einer »Mönchsgemeinschaft am Grab des heiligen Gallus«, die sich 747 der Benediktinerregel verschrieb. Hinter den Klostermauern entwickelte sich eine emsige Schreibkultur. Im 9. Jahrhundert hatte sich bereits eine ansehnliche Bibliothek gebildet, die einen beträchtlichen Bestand an biblischen, historiographischen und poetischen Schriften enthielt. Unter den 426 Titeln, die im Jahre 888 gezählt wurden, befanden sich Niederschriften der Regel der Benediktiner aus den Jahren 800 bis 810 und die beiden Lebensbeschreibungen der Gründerheiligen Gallus und Otmar, verfaßt um das Jahr 830.

Ende des 9. Jahrhunderts unternahmen Reiterhorden aus dem Gebiet des heutigen Ungarn Raubzüge durch ganz Europa; als sie 926 vor den Toren des Klosters St. Gallen standen, galt es, den Schatz des heiligen Gallus, der aus Gold, Silber und Büchern bestand, zu verteidigen.

Der Weitsicht der tapferen Wiborada, die in der Nähe des Klosters als Einsiedlerin lebte, ist es zu verdanken, daß das kirchliche Eigentum rechtzeitig in Sicherheit gebracht worden war. Gold und Silber waren in eine nahe Waldfestung ausgelagert, die Bibliothek auf die Insel Reichenau im Bodensee verlegt worden. Wiborada blieb wegen ihres Gelübdes zurück und wurde von den enttäuschten Eindringlingen erschlagen. Für ihren Opfermut wurde sie im Jahre 1047 von Rom heiliggesprochen. Sie wird als Patronin der Bibliotheken und Bibliophilen verehrt.

Die Benediktinerabtei zu St. Gallen mit ihrer Klosterschule und der gutbestückten Bibliothek, die zum Weltkulturerbe der UNESCO gehört, war vom 9. bis 11. Jahrhundert eine der bedeutendsten Pflegestätten der Buchkunst und Geisteskultur nördlich der Alpen. Ihre gelehrten und schöpferischen Mönche gingen in die europäische Kulturgeschichte ein. Hier lebten die Buchmaler und Kalligraphen Wolfcoz, Folchart und Sintram, die Dichter

Blick auf die wunderschön geschwungenen Naturholzregale, hier mit den Ordnungsbuchstaben A und B.
Unter A werden vorwiegend Bibeldrucke aufbewahrt.

und Musiker Ratpert und Tuotilo. Notker Balbulus, zu deutsch Notker der Stammler, war im 9. Jahrhundert in St. Gallen als Lehrer und Dichter von Sequenzen tätig. Der Stiftsdekan Ekkehart I. verfaßte im 10. Jahrhundert geistliche Hymnen und Gedichte. Sein Neffe Notker Labeo, das heißt Notker der Großlippige, schrieb und kommentierte Übersetzungen lateinischer Schultexte, mit denen er eine philosophische und theologische Terminologie in althochdeutscher Sprache schuf, die für die Entwicklung des Deutschen große Bedeutung erlangte.

Als 1805 das Kloster im Zuge der Umwälzungen der napoleonischen Epoche aufgehoben wurde, blieb die Bibliothek erhalten. Sie dient heute als wissenschaftliche Studien- und Leihbibliothek, während die herrliche Schaubibliothek Wechselausstellungen ihrer kostbaren Manuskripte und Inkunabeln – die Inkunabelsammlung umfaßt rund 1000 Bände – organisiert. Inkunabeln oder Wiegendrucke heißen die vor 1500 auf den ersten Druckerpressen hergestellten Bücher, die oftmals mit Holzschnitten illustriert sind. Insgesamt zählt die Stiftsbibliothek rund 150 000 Bände, gut 2000 einzigartige Handschriften befinden sich darunter. Vierhundert dieser Handschriften sind vor dem Jahre 1000 entstanden.

Der Büchersaal der St. Galler Stiftsbibliothek wird als der schönste säkulare Rokokosaal der Schweiz bezeichnet, eine perfekte Synthese aus barocker Raumgestaltung und Rokokodekoration. Das Gebäude, in dem die Bibliothek noch heute untergebracht ist, wurde in den Jah-

Die Bücher, die in den oberen Regalen stehen, müssen für die Benutzer mit Hilfe von Holzleitern heruntergeholt werden. Zu sehen sind hier Bücherschränke mit den Ordnungsbuchstaben R (vorne) und T (hinten).

Improperien und Kreuzigungsdarstellung aus einem um 1065 entstandenen Gesangbuch. Stiftsbibliothek St. Gallen, Handschrift Nr. 376, S. 190/191.

ren 1758 bis 1767 erbaut und ausgestattet. Der Architekt Peter Thumb aus dem Bregenzer Wald schuf diesen rechteckigen, fast 29 Meter langen und 7,40 Meter hohen zweigeschossigen Saal mit den breiten Wandpfeilern, die von hohen Bücherschränken umschlossen werden. Durch 34 Fenster flutet Licht in den stimmungsvollen Raum. Ein Meisterwerk ist auch der hölzerne Boden: Seine Intarsien, in deren Mitte sich jeweils ein Stern befindet, wurden genau unter den großformatigen Gemälden im Deckengewölbe eingearbeitet. Die Deckengemälde, die die ersten vier ökumenischen Konzile des 4. und 5. Jahrhunderts zeigen, datieren aus dem Jahre 1762; sie sind von dem in Rom ausgebildeten Maler Josef Wannenmacher aus Württemberg geschaffen worden. Die griechische Inschrift über dem Portal des Bibliothekssaals bedeutet übersetzt: »Heilstätte für die Seele«.

Biblioteca Angelica, Rom

Oben: 1762 wurde das Klostergebäude, das noch heute die erlesene Biblioteca Angelica beherbergt, von dem italienischen Architekten Luigi Vanvitelli konzipiert.
Rechts: Die eleganten dreistöckigen Regale mit ihren geschwungenen Eisenbalustraden sind das Werk von Nicola Fagioli.

Seit es Bücher gibt, gibt es auch Buchliebhaber mit einem Gespür für das Besondere. Im 16. Jahrhundert war der römische Augustinerpater und Titularbischof Angelo Rocca einer von ihnen. Der hochgebildete Humanist und Doktor der Theologie liebte die Schriftstellerei und das Sammeln von seltenen Buchexemplaren, und als Direktor der Buchdruckerei des Vatikans unter Papst Sixtus V. saß er direkt an der Quelle. Er stattete die Klosterbibliothek der Augustiner mit den wichtigsten Schriften aus und machte sie der damaligen gelehrten Öffentlichkeit zugänglich. Insgesamt 20 000 Bände trug Angelo Rocca bis zu seinem Tode im April 1620 zusammen und hinterließ sie den Mönchen des Augustinerkonvents. Die Biblioteca Angelica war geboren.

Roccas Beispiel folgend, schenkten während der nächsten Jahrhunderte römische Adlige und gelehrte Geistliche ihre kostbaren Büchersammlungen der Augustinerbibliothek. Der Kurator der Bibliothek des Vatikans, Lukas Holste, überließ den Augustinermönchen 1661 seine 3000 Bände umfassende Kollektion, die viele wertvolle Ausgaben enthielt. 1762 konnten die Augustiner ihren Bücherbestand mit einer einzigen Schenkung gleich verdoppeln: Die umfangreiche Privatbibliothek des Kardinals Domenico Passionei kam in ihren Besitz. Dazu gehörten auch Texte, die der päpstliche Gesandte von seinen Reisen durch das protestantische Europa mitgebracht hatte.

Das römische Kloster wurde Zeuge der religiösen Konflikte in Europa. Die Augustiner trugen in ihrer Bibliothek die wichtigsten Schriften der Reformation und Gegenreformation zusammen – sehr zur Freude der Gelehrten, die ihre Thesen mit diesen Texten zu erläutern suchten.

Die umfangreichen Neuerwerbungen führten zu Platzproblemen, so daß die Mönche im 18. Jahrhundert den Architekten Luigi Vanvitelli beauftragten, das Augustinerkloster umzubauen. Der große Lesesaal mit seinem Kuppelgewölbe und den dreistöckigen Bücherwänden wurde zusammen mit dem noch heute existierenden Gebäude 1765 fertiggestellt.

H
G

BIBLIOTHECA
NICCOLÒ V
NEL SESTO
CENTENARIO
DELLA
NASCITA

Oben: Zu den 1100 Inkunabeln gehört das erste in Italien gedruckte Buch: De Oratore von 1465.
Links: Ohne Index kein Buchfund: Der erste vollständige, handgeschriebene Katalog der Biblioteca Angelica datiert aus dem Jahre 1786.

1873 übernahm der italienische Staat die Biblioteca Angelica. Sie umfaßt heute rund 200 000 Bände, von denen die Hälfte zwischen dem 15. und 18. Jahrhundert gedruckt worden ist. Neben religiösen Texten finden sich hier Werke so großer italienischer Dichter und Denker wie Dante, Petrarca und Boccaccio, Bücher über die Geschichte Roms, etwa 1100 Inkunabeln und unzählige seltene Editionen. Erwähnenswert sind eine Handschrift aus dem 9. Jahrhundert, die das *Liber Memorialis* der Abtei von Remiremont enthält, das berühmte, wunderbar illuminierte Werk *De Balneis Puteolanis* aus dem 13. Jahrhundert und ein Miniaturkodex der *Divina Commedia* Dantes aus dem 14. Jahrhundert.
Könnte Bischof Angelo Rocca heute die imposante Biblioteca Angelica an der Piazza S. Agostino in Rom besuchen, wäre er sicher stolz auf die einzigartige Sammlung, deren Grundstein er mit seinem Gespür für das Erlesene gelegt hat.

Herzog August Bibliothek Wolfenbüttel

Oben: Die Bücher der Bibliothek Herzog Augusts d. J. sind nach Formaten getrennt und nach der Höhe der Buchrücken sortiert. Rechts: Das Gebäude der Bibliotheca Augusta wurde 1883 bis 1887 im Stil der italienischen Renaissance errichtet.

Die herzogliche Bibliothek in Wolfenbüttel hatte vor rund dreihundert Jahren den Ruf, die umfangreichste Büchersammlung Europas zu sein. Das brachte ihr den Beinamen »Achtes Weltwunder« ein.
Zu verdanken war diese Ehre August dem Jüngeren, Herzog zu Braunschweig und Lüneburg. Er lebte von 1579 bis 1666 und regierte das kleine Fürstentum zwischen Harz und Heide im Norden Deutschlands von 1635 bis zu seinem Tode. Der gebildete und vielseitig interessierte Herzog schuf die Voraussetzungen für den Ausbau der fürstlichen Bibliothek zu einer herausragenden Sammlung. Nachdem er die Residenz in Wolfenbüttel 1643 bezogen hatte, überführte er ein Jahr später auch seine beispiellose Büchersammlung von Schloß Hitzacker an der Elbe und integrierte sie in die von Herzog Julius 1572 gegründete Bibliothek im Marstall des Schlosses.
Schon als siebenjähriger Junge vertiefte sich August in Bücher und sammelte, was er bekommen konnte. Er begann mit seinen Schulbüchern, die er genauestens nach Kaufdatum und Preis auflistete und mit einer Registernummer versah. Die Studentenjahre verbrachte er in Rostock, Tübingen, Straßburg und in Italien; von überall her brachte er Bücher mit.
Da sich der Herzog erst im Alter von 56 Jahren mit Regierungsaufgaben befassen mußte, blieb ihm viel Zeit, den Bestand seiner Sammlung zu erweitern und sich auch selbst schriftstellerisch zu betätigen. Bereits Ende des 16. Jahrhunderts bediente sich August einer modernen Beschaffungsmethode: Er spannte ein Netz von Buchagenten über die Länder Europas. Nicht zuletzt als Folge des Dreißigjährigen Krieges bot das geplagte Europa im 17. Jahrhundert besonders viele Gelegenheiten zum Erwerb interessanter Schriften. So entstand die Bibliotheca Augusta, eine wahrlich – wie es wörtlich übersetzt heißt – »erhabene« Bibliothek.
Als August 1666 starb, hinterließ er rund 135 000 Titel in 35 000 Bänden, die die europäische Kulturgeschichte ausführlich dokumentierten. Der Herzog hatte jedes Buch einer speziellen Abteilung zugeordnet, den Fakultäten der Universitäten mit ihren einzelnen Disziplinen entsprechend: Theologica,

BIBLIOTHECA AVGVSTA

Historica, Politica, Ethica, Geographica, Juridica, Bellica, Oeconomica, Medica und Astronomica. Bis heute hat sich diese Einteilung nur wenig verändert. August hatte seine kostbaren Bände zum Schutz mit einer Hülle aus kräftigem Pergament versehen, die mit grünen Leinenbändern verschlossen wurde; auf den Buchrücken verzeichnete er handschriftlich die Inhalte. Die so entstandene »weiße« Bibliothek ist noch heute in Wolfenbüttel zu bewundern.

Von 1706 bis 1710 wurde aus Platzgründen ein eigenständiges Gebäude für die Bibliothek errichtet. Das hatte es vorher noch nirgends gegeben! Es entstand die berühmte Rotunde mit dem Globus auf dem Dach als Symbol für die weltumspannenden Wissenschaften. Der Bau fiel in die Amtszeit des Philosophen und Universalgelehrten Gottfried Wilhelm Leibniz, der seit 1676 Hofrat des Welfenhauses war, dessen Geschichte er verfaßte, und der die Bibliothek von 1691 bis 1716 leitete. In der Liste der Bibliothekare erscheint auch der Schriftsteller, Theaterkritiker und Aufklärer Gotthold Ephraim Lessing, der die Leitung von 1770 bis 1781 innehatte: ebenfalls ein »qualificirter gelahrter« Mann, wie es Herzog August bereits ein Jahrhundert zuvor für diese Stelle gefordert hatte.

Wegen Baufälligkeit wurde in den 1880er Jahren ein weiterer Neubau erstellt. Die berühmte Rotunde wurde abgerissen und ist nur noch als Modell

Blick in die Augusteerhalle, die in dieser Gestalt während eines grundlegenden Umbaus zwischen 1960 und 1972 entstanden ist. In dieser Halle ist der Kernbestand der Bibliothek untergebracht. Kostbare Handschriften und Drucke werden in Vitrinen ausgestellt.

im Lessinghaus zu besichtigen. 1887 wurde das noch heute genutzte prunkvolle Haus bezogen. Es beherbergt die musealen Räume der Herzog August Bibliothek mit der herzoglichen Büchersammlung, dem Karten- und Globenkabinett, dem Kabinett der *Livres de peintres* – das sind Werke der Weltliteratur, die von großen Künstlern des 20. Jahrhunderts illustriert und gestaltet worden sind –, einer Dauerausstellung zu Kalligraphie und Druckkunst, einem kleinen Lesesaal und den Tresorräumen, in denen auch das Evangeliar Heinrichs des Löwen aufbewahrt wird. In jedem Jahr ist es für sechs Wochen ab Anfang Oktober zu sehen. In der Schatzkammer und in den Vitrinen in der Halle werden ständig wechselnde Kostbarkeiten der Bibliotheca Augusta präsentiert.

Interessant ist ein Blick in die Besucherbücher. In denen aus dem 18. und 19. Jahrhundert begegnet man Namen wie Voltaire, Casanova, Mirabeau und Mendelssohn. Große Anziehungskraft besitzt die Sammlung von Handschriften, für die Wolfenbüttel in der Gelehrtenwelt bekannt ist. Sie besteht aus rund 11 750 Exemplaren, von denen 3000 ins Mittelalter gehören, aber auch ein Ovid-Fragment aus dem späten 5. Jahrhundert. Als erste für die Sammlung erworbene Handschrift ist der Text eines Johann Liechtenauer über die Fechtkunst aus dem 15. Jahrhundert unter dem Datum 17. Juni 1555 registriert. Die frühe Zeit des Buchdrucks wird in Wolfenbüttel durch 3500 Inkunabeln dokumentiert.

Die zu einer modernen Forschungs- und Studienstätte für europäische Kulturgeschichte ausgebaute Bibliothek umfaßt heute 850 000 Titel. Zu ihr gehören acht Gebäude aus dem 17. bis 20. Jahrhundert. Das einfache, zugleich aber geniale Katalogsystem, das auf ihren Begründer und Namensgeber zurückgeht, wurde in den vergangenen Jahren durch moderne Technik ersetzt.

Oben: Wolfenbütteler Handschrift des Sachsenspiegels, Vorrede: Cod. GUELF. 3.1 Aug. 2°, 1r.
Rechts unten: Evangeliar Heinrichs des Löwen, entstanden um 1188 im Kloster Helmarshausen, 1983 ersteigert: COD. GUELF. 105 Noviss. 2°. Diese kostbare Handschrift befindet sich im gemeinsamen Besitz des Landes Niedersachsen, des Freistaates Bayern, der Bundesrepublik Deutschland und der Stiftung Preußischer Kulturbesitz Berlin.

Bibliothek Friedrichs II., Schloß Sanssouci, Potsdam

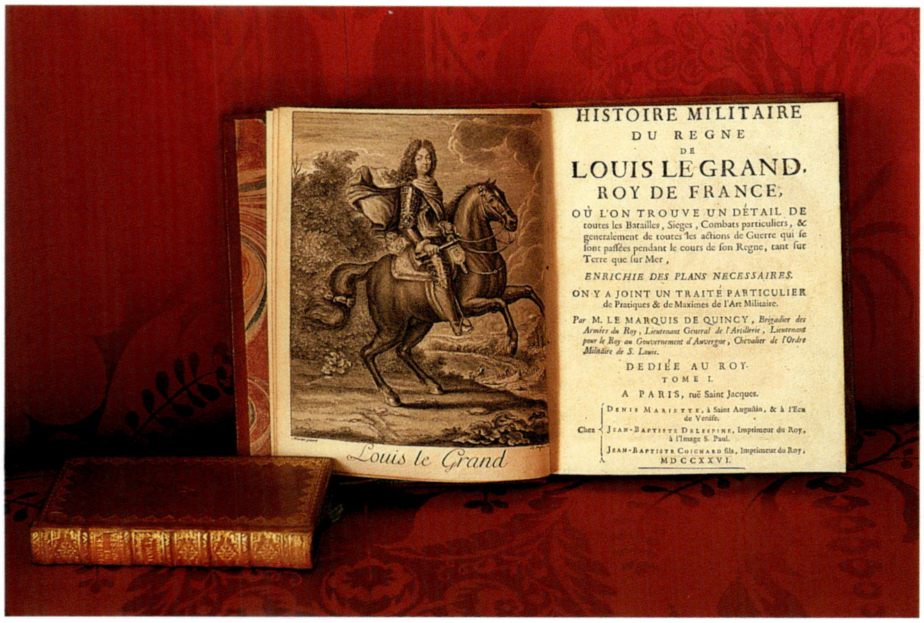

Rechts: Auch dieses militärgeschichtliche Werk über Ludwig den Großen ist in rotes Ziegenleder gebunden.
Links: Zwischen den hohen, rundbogigen Zedernholznischen der Bibliothek bewacht Friedrich der Große, 1770 von Bartolomeo Cavaceppi in Marmor gehauen, seine 2100 erlesenen Bücher.

Drei Menschen verdankt der preußische König Friedrich II., genannt der Große, seine uneingeschränkte Liebe zur französischen Literatur: seiner Kinderfrau Marthe de Rocoulle, seinem Erzieher Jacques Egide Duhan de Jandun und seinem Sekretär Charles Etienne Jordan. Dank der königlichen Leidenschaft ist eine der erlesensten Büchersammlungen Europas entstanden – die Bibliothek im Schloß Sanssouci in Potsdam.

Nach der Thronbesteigung im Jahre 1740 war es seiner Majestät ein dringliches Anliegen, in jedem seiner herrlichen Schlösser eine Bibliothek einzurichten. In der Folge entstanden sechs königliche Schloßbibliotheken mit rund 7000 Bänden.

In Sanssouci, dem von Georg Wenzeslaus von Knobelsdorff im Jahre 1746 fertiggestellten Sommerschloß, hat Friedrich seine geliebten Bücher – wie im Rheinsberger Schloß – in einer kreisrunden, turmartigen Bibliothek unterbringen lassen. Mit 2100 Bänden ist sie die größte der königlichen Sammlungen. Der preußische Herrscher pflegte eine sehr eigenwillige Beziehung

zu seinen Büchern, oftmals eine tiefere und liebevollere als zu seinen Mitmenschen. Stets wollte er die Bücher in seiner Nähe wissen und gab sie nur ungern aus der Hand. Deshalb trennt allein ein schmaler Gang die Bibliothek von Schlaf- und Arbeitszimmer. Bis zu seinem Tode 1786 verbrachte Friedrich der Große das Sommerhalbjahr überwiegend in Sanssouci.

Die Wände des runden Raumes erstrahlen in Gold und Braun; eine rosa und blaßgrüne Kuppeldecke, gekrönt von einer vergoldeten Sonne, und ein Parkettboden aus Nußbaum- und Ahornholz verleihen der Bibliothek ihr königliches Ambiente. Vorrangig findet sich hier die französische Literatur des 17. und 18. Jahrhunderts neben Werken aus der griechischen und römischen Geschichtsschreibung. Daß die Bücher in französischer Sprache geschrieben sind, verwundert nicht, denn der König von Preußen war – im Einklang mit dem europäischen Geschmack seiner Zeit – französisch gebildet, und die französische Sprache galt als Lingua franca der Gelehrten im 18. Jahrhundert.

Oben: Ein Buch Voltaires mit persönlicher Widmung an Friedrich II. liegt aufgeschlagen vor einer Miniatur aus dem Jahre 1769, die den König zeigt.
Rechts: Der vergoldete Schreibtisch war 1746 von Carl Scheffler nach Sanssouci geliefert worden.

Die in Friedrichs bevorzugter Farbe Rot gehüllten Bücher sind in vier Wandschränke eingeordnet. Über diesen sind ovale Kartuschen angebracht, auf denen die vier Lieblingsfachrichtungen Friedrichs II. symbolisiert werden: Bildhauerei, Malerei, Musik und Astronomie.

Hinter Glas stehen hier Werke Homers, Platons, Herodots, Plutarchs, Marc Aurels, Caesars, Virgils und Senecas sowie der Franzosen Corneille, Racine, Molière, Montesquieu, Bayle und natürlich Voltaire. Der Dichter und Philosoph Voltaire wurde oft nach Sanssouci eingeladen und verweilte gern hier; seine Schriften bilden einen der Mittelpunkte der Bibliothek. Die Beziehung zwischen Friedrich II. und Voltaire war nicht ohne Spannungen, trotzdem bestand eine tiefe und enge Freundschaft zwischen beiden. Voltaires handgeschriebene Widmung für »seinen« König in einem der rot gebundenen Essaybände läßt erkennen, wie sehr er Friedrichs Wertschätzung seiner Gedanken genoß.

Bibliothek des Königlichen Hausarchivs, Den Haag

Oben: Die Bücher, Dokumente und Vorträge werden teilweise noch heute in alter Manier kästchenweise katalogisiert.
Rechts oben: Den Hauptgang der Bibliothek schmücken Skulpturen und Familienporträts.
Rechts unten: Die Statuette stellt König Wilhelm II. dar.

Um die Hofbibliothek des Hauses Oranien-Nassau zu erreichen, geht man an den ehemaligen Pferdeställen vorbei und kann einen Blick auf die prachtvolle goldene Kutsche und die eleganten Kaleschen werfen, die auch heute noch zu festlichen Anlässen benutzt werden. Ein schmaler Weg führt vor ein stattliches Haus. In diesem rechteckigen Bau im Zentrum von Den Haag direkt neben dem Königlichen Palast Noordeinde befindet sich das Archiv der niederländischen Königsfamilie.

Die Entstehung der Bibliothek geht auf das Ende des 19. Jahrhunderts zurück. Königin Emma, die nach dem Tode ihres Mannes, König Wilhelms III., im Jahre 1890 die Regentschaft für die erst zehnjährige Königin Wilhelmina übernommen hatte, gab 1895 den Bau des Königlichen Archivs in Auftrag, um etliche Familienbibliotheken zusammenzuführen. Viele alte Bücher, darunter illuminierte Schriften aus dem Mittelalter und Autographen sowie Dokumente aus der Geschichte des Hauses Oranien-Nassau – Geburts-, Heirats- und andere Urkunden sowie Korrespondenzen – fanden hier ihren Platz.

Heute ist das Gebäude in eine Dokumentationsabteilung, eine Bibliothek, eine Kunst- und Geschenkesammlung und ein Archiv gegliedert. Alles, was zur Geschichte des Hauses Oranien-Nassau gehört, hat Eingang gefunden: kostbare Geschenke von Staatsgästen, Galauniformen und Orden, Gemälde, Statuen, Miniaturen und Schmuckstücke, Fotografien, Bücher und Dokumente.

In der wechselvollen Geschichte der Niederlande spielte das Haus Oranien-Nassau bereits früh eine Rolle. 1572 übernahm Wilhelm von Oranien die Führung im Aufstand gegen die spanische Vorherrschaft. Im 17. und 18. Jahrhundert waren die Oranier erbliche Träger des Amtes eines Provinzialstatthalters. Als die Niederlande 1795 von französischen Truppen besetzt wurden, flohen die Oranier. Nach dem Sturz Napoleons wurde auf Beschluß des Wiener Kongresses 1815 das Königreich der Vereinigten Niederlande unter der Herrschaft des Oraniers Wilhelm I. gegründet. Obwohl durch die

Flucht 1795 vieles verlorenging, befinden sich noch heute zahlreiche Dokumente und Bücher aus den zurückliegenden Jahrhunderten im öffentlichen Teil der Königlichen Bibliothek.

Die Sammlung in der zweigeschossigen privaten Familienbibliothek dokumentiert die Geschichte des Hauses Oranien-Nassau seit der Rückkehr in die Niederlande im Jahre 1813 und besteht größtenteils aus Büchern des 19. und 20. Jahrhunderts. Da stehen Schul- und Kinderbücher wie *Gullivers Reisen* aus dem Besitz der Königin Wilhelmina, die als erste Frau auf dem niederländischen Thron saß, neben einer wunderbar verzierten Bibel aus dem Jahre 1855, aber auch die illuminierten Statuten des Ordens vom Goldenen Vlies aus der zweiten Hälfte des 15. Jahrhunderts fehlen nicht. Das älteste Dokument ist eine Teilungsakte zwischen den beiden Brüdern Graf Walram und Graf Otto von Nassau aus dem Jahre 1255. In Ehren gehalten werden persönliche Widmungen wie die »from her old friend Franklin D. Roosevelt« aus dem Jahre 1943 für Königin Wilhelmina oder die vom Juni 1985 »to your majesty Queen Beatrix, love, Andy Warhol«. Ganz besonders stolz ist man im Hausarchiv auf die meisterlich gebundenen und dekorierten Lederbände aus der Zeit des Jugendstils und des Art déco.

Anfang der 1990er Jahre wurde damit begonnen, die rund 80 000 Bücher des Archivs computertechnisch zu erfassen. Dieser private Bereich steht jedoch hauptsächlich Wissenschaftlern und geladenen Besuchern offen.

Die besonders wertvollen und wichtigen Bücher und Schriften sind auf der Empore im zweiten Bibliotheksgeschoß untergebracht. In Gips gegossen: die Köpfe der sechzehnjährigen Königin Wilhelmina und des russischen Zaren Nikolaus I.

Österreichische Nationalbibliothek, Wien

Oben: Das Deckengemälde in der Kuppel, entstanden zwischen 1726 und 1730, ist das berühmteste Werk von Daniel Gran. Links: Die prachtvolle ehemalige Hofbibliothek in Wien, geplant von Johann Bernhard Fischer von Erlach, gehört als »Universität des Wissens« zu den bedeutendsten Bibliotheken der Welt.

Den »Austriaca« – gemeint ist damit die gesamte von Österreichern verfaßte Literatur sowie die über Österreich geschriebenen Werke – gilt der Sammelauftrag der Österreichischen Nationalbibliothek in Wien, kurz ÖNB genannt. Es werden auch alle im Ausland erschienenen Werke österreichischer Autoren erfaßt. Laut Internetauskunft unter http://www.onb.ac.at/index.htm. vom 15. Januar 1999 lagern in der ÖNB 5 849 795 Schriften. Der Bestand enthält 51 000 Handschriften, 280 000 Autographen, 50 000 Musikhandschriften, 140 000 Papyri und 44 290 Exlibris. 7967 wertvolle Inkunabeln sind zu bestaunen. Daß die Internetangaben am nächsten Tag bereits überholt sind, bringt die Schnellebigkeit elektronischer Datenerfassung mit sich. Weit aufregender als die Statistik ist die Entstehungsgeschichte der ÖNB. Sie beginnt mit lernfreudigen und wißbegierigen Regenten.

Bereits im 14. Jahrhundert sammelte der österreichische Herzog Albrecht III. neben Kunstgegenständen, Juwelen und Kuriositäten auch wertvolle Bücher. Seine Schätze lagerte er in zwei Sakristeien der Wiener Burgkapelle. Aus dieser Quelle kommt nachweislich das älteste Buch der Bibliothek: ein im Jahre 1368 in Goldlettern geschriebenes, reich illustriertes Evangeliar.

Kaiser Friedrich III. machte es sich hundert Jahre später zur Aufgabe, alle wichtigen Kunstschätze aus dem habsburgischen Erbe zusammenzustellen. Dazu gehören die *Wenzelsbibel* – eine lange vor Luthers Übersetzung angefertigte deutsche Bibelausgabe, die zwar unvollendet blieb, aber trotzdem 2400 kostbar illustrierte Seiten füllt – sowie eine Abschrift des wichtigsten Grundgesetzes des Heiligen Römischen Reiches, der auf Geheiß Kaiser Karls IV. im Jahre 1356 verfaßten *Goldenen Bulle*, die unter anderem die Königswahl regelte. Diese beiden Dokumente der europäischen Geschichte sind hier ebenso zu bewundern wie eigene Werke Kaiser Maximilians I., des Sohnes Friedrichs III., der als begeisterter Schriftsteller Texte zu seiner Lebensgeschichte verfaßte und den kaiserlichen Bestand an Handschriften nicht unwesentlich vergrößerte. Durch die Heirat Maximilians mit Maria von Burgund kamen die bedeutendsten Exemplare der burgundischen und nordfranzösischen Buchkunst in habsburgischen Besitz. Die zweite Heirat Maximilians mit Bianca Maria Sforza bescherte den Habsburgern viele italienische Meisterwerke der Druckkunst. Am 30. Dezember des Jahres 1500 ließ der Kaiser seine Bücher, die er in diversen Truhen verstaut hatte, zählen und die feucht gewordenen Blätter mit warmen Tüchern trocknen. Fortan sollten sie in offenen Schränken aufbewahrt werden, »damit die püecher nit verderben und kains davon verloren wird, auch niemand darüber gee«.

Ende des 16. Jahrhunderts – unter der Ägide des holländischen Bibliothekars Hugo Blotius – begann man, den kaiserlichen Bestand von zirka 9000 Büchern und Handschriften zu inventarisieren und zu katalogisieren. Die strukturellen Grundlagen für eine moderne Bibliothek waren geschaffen. Im Jahre 1624 bestimmte Kaiser Ferdinand II., daß von jedem gedruckten Buch ein Exemplar an die kaiserliche Bibliothek abzugeben sei.

Der Prunksaal wird bewacht von imposanten Statuen und Büsten, die Herrscher und Feldherren aus der österreichischen Geschichte darstellen. Schon im 18. Jahrhundert war die Hofbibliothek ein Ort, den durchreisende Gelehrte und Diplomaten gern besuchten.

Dargestellt als römischer Imperator, beherrscht Karl VI., der Vater Maria Theresias, seine barocke Universalbibliothek.
Im Mitteloval des Raumes befinden sich auch die 15 000 Bände des Prinzen Eugen – alle in rotes, blaues und gelbes Maroquin-Leder gebunden.

Hundert Jahre später erfolgte die Grundsteinlegung für ein eigenes Gebäude der Hofbibliothek: Kaiser Karl VI. hatte 1722 den Bau des noch heute genutzten Gebäudes am Josefsplatz veranlaßt. Die Pläne stammten von Johann Bernhard Fischer von Erlach; dessen Sohn, Joseph Emanuel, errichtete das Bauwerk in den Jahren 1723 bis 1726. Es zählt noch heute zu den glanzvollsten Beispielen europäischer Barockarchitektur. Der großartige rechteckige Prunksaal ist 77,7 Meter lang, 14,2 Meter breit und 19,6 Meter hoch. Die gewaltige Kuppel, die eine Höhe von fast dreißig Metern erreicht, wurde von dem Freskenmaler Daniel Gran mit einer allegorischen Bildfolge über den Bibliothekenbau und ihren Schirmherrn, Karl VI., ausgemalt. Die Bücherwände reichen bis unter die Decke; um an die oberen Regale zu gelangen, sind Galerien eingezogen worden. Bis ins 19. Jahrhundert hinein beherbergte dieser Barocksaal mit seinen Seitenkabinetten sämtliche Handschriften, Inkunabeln, Druckschriften, Landkarten, Globen, Musikhandschriften, Notendrucke, Autographen, Handzeichnungen und Druckgraphiken der Wiener Hofbibliothek.
Der Untergang der k. u. k. Monarchie läutete auch für die Hofbibliothek eine neue Ära ein: Sie wurde 1920 Nationalbibliothek und ist seitdem zugänglich für die Öffentlichkeit.

Bibliothèque nationale de France, Paris

In Bibliotheken fühlt man sich wie in Gegenwart eines großen Kapitals, das geräuschlos unberechenbare Zinsen spendet.«

Dieser zweihundert Jahre alte Gedanke Goethes hat nichts von seiner Gültigkeit verloren. Die Bibliotheken mögen sich verändert haben, der Gewinn bleibt.

Stellen wir uns Bibliotheken der Goethezeit vor, so sehen wir überbordende Regale vor uns und einen Bibliothekar wie aus einem Gemälde Spitzwegs, der den Eindruck erweckt, jedes Buch selbst gelesen zu haben, und der vielleicht auch noch Tips zum schonenden Umgang mit seinen Lieblingen gibt. Der damalige Leser und natürlich die ebenfalls zahlreichen Leserinnen waren nicht irgendwer, sondern gehörten zu den Menschen, die es sich leisten konnten, in ein Buch vertieft, in Ruhe und voller Genuß zu lesen. Lesen war mit einem Hauch von Luxus umgeben. Mit anderen Worten: Bei dem Gedanken an vergangene Zeiten entsteht vor unserem geistigen Auge eine Idylle.

Zurück in die Gegenwart. Wer heute in der neuen Bibliothèque nationale de France, die nach François Mitterand benannt ist, in ihrem futuristischen Neubau im Osten von Paris ein Buch ausleihen möchte, zahlt zunächst eine Eintrittsgebühr: Die Tageskarte kostet derzeit umgerechnet sechs Mark, das Jahresabonnement sechzig Mark, Studenten zahlen die Hälfte. Ist diese Hürde genommen, wird dem Ausleihwilligen im Lesesaal einer der mit Computern eingerichteten Arbeitsplätze zugewiesen; von hier aus können die Bücher per Mausklick bestellt werden. Aus den Magazinen in den vier gläsernen Ecktürmen oder den unterirdischen Lagerräumen werden die gewünschten Exemplare mit Hilfe eines vollautomatischen Transportsystems in weniger als dreißig Minuten herbeigeschafft. Die Lampe am Arbeitsplatz blinkt, wenn die Bücher abholbereit sind. Man braucht ein Buch zur Lektüre aber auch gar nicht mehr in den Händen zu halten, denn inzwischen sind rund 90 000 Bücher digitalisiert oder auf CD-ROM zu haben. Zusätzliche Möglichkeiten bietet natürlich das Internet.

Rechts: Der Arbeitsplatz eines Bibliothekars in der alten Bibliothèque nationale de France (BnF), die zwar »nur« 90 000 Bücher fassen konnte, dafür eine ganz besondere Initimität vermittelte.

Unten: Ein Keller voller Atmosphäre in der alten BnF, Rue de Richelieu, Paris.

1665
COMTE DE CAYLUS
1765
LE DES DONATEURS
1876
ISSUE DE SECOURS
SERVICE DES RECUEILS
CONFORT

BIBLIOTHECA · A · REGIBUS CONDITA NAPOLEONE · III · IMP

J.A. DE THOU
1553 — 1617

Links: Durch das hohe Rundbogenfenster blickt der Besucher in die Salle Labrouste. Die Bücherbestände waren in der alten Bibliothèque nationale de France auf verschiedene Stockwerke verteilt, in der neuen BnF lagern sie in vier Ecktürmen.

Links: Durchschnittlich alle 130 Jahre in neuen Räumen – 1720 Einweihung der Bibliothek, 1873 und 1995 Umzug. Vorhergehende Doppelseite: Eine Basilika zu Ehren des geschriebenen Wortes schuf im 19. Jahrhundert der französische Baumeister Henri Labrouste: die gigantische Salle Labrouste.

Dieses System ist unbestreitbar schneller und effektiver als alles Dagewesene, über die Atmosphäre kann man dagegen geteilter Meinung sein. Es gibt nicht wenige, die der großen *Salle Labrouste* an der Rue de Richelieu im Herzen von Paris, dieser von Henri Labrouste zwischen 1860 und 1873 errichteten Metallkonstruktion mit ihren neun gewaltigen Kuppeln, nachtrauern. Platzprobleme haben jedoch den Neubau am Rande der Stadt erzwungen. Fünf Jahre wurde gebaut, bis 1995 der Umzug beginnen konnte. Bei der Einweihung fehlte es nicht an großen Worten. »Kathedrale des Wissens und Tempel des Geistes« hat der Begründer der neuen Nationalbibliothek, François Mitterand, die Geistesstätte mit den von Halogenlicht durchfluteten Sälen genannt. Elf Millionen Bücher stehen hier auf vierhundert Regalkilometern.

In der Freihandbibliothek versorgt die neue BnF täglich 6000 bis 7000 Besucher an 2000 Arbeitsplätzen mit Büchern. An den Wochenenden sind es sogar 12000 bis 13000 Lesewillige. Der Präsident der BnF, Jean-Pierre Angremy, und seine Mitarbeiter sind mit diesen Zahlen zufrieden. Vorbei sind die Zeiten, in denen die Besucher in langen Schlangen vor dem alten Gebäude warten mußten. Heute kommen sie schneller an die Zinsen eines großen Kapitals.

II Bücher sammeln

Spezialsammlungen
Fürst und Fürstin Ferdinand von Bismarck, Friedrichsruh
Bibliotheca Bodmeriana, Cologny bei Genf
Reiner Speck, Köln
Gertrud von Heiseler, Brannenburg
Herry Schaefer, Zürich
Graf und Gräfin Christoph Douglas, Frankfurt am Main
Melanie Bosanquet-Munk, Paris
Anton Mosimann, London

Clubs
Quinta Patino, Alcoitão bei Estoril
Jockey Club, Buenos Aires

Berühmte Sammlungen
Biblioteca Riccardiana, Florenz
Can Vivot, Palma de Mallorca

Fürst und Fürstin Ferdinand von Bismarck, Friedrichsruh

Oben: Familientradition: Das Fürstenpaar hat einen Teil des schriftlichen Nachlasses von Reichskanzler Otto von Bismarck auf Schloß Friedrichsruh untergebracht. Rechts: Das Bild in der großen, holzgetäfelten Halle stellt Malvina, die geliebte Schwester des ehemaligen Reichskanzlers, dar.

Auf dem Landsitz Friedrichsruh im Sachsenwald herrscht auch hundert Jahre nach seinem Tode der Geist des Reichskanzlers Otto von Bismarck. Obwohl sein Urenkel Fürst Ferdinand von Bismarck und dessen Frau, Fürstin Elisabeth von Bismarck, ihren herrlichen Familiensitz ganz persönlich eingerichtet haben, begegnet man dem berühmten Vorfahren auf Schritt und Tritt. Mehrfach von Franz von Lenbach wunderbar porträtiert, betrachtet er von den Wänden herab das rege Treiben in der gemütlichen, holzgetäfelten Halle des Schlosses. Bismarck-Büsten in Ton, Gips oder Holz zieren vergitterte Wandregale, auf denen unzählige historische Schriften aus dem vorigen Jahrhundert stehen. »Da Friedrichsruh ein paar Tage vor Kriegsende noch ausgebombt wurde, hat sich die Bibliothek sehr dezimiert. Es gibt hier nur noch etwa 1000 Bände«, erzählt der Hausherr, der zum 100. Todestag seines Urgroßvaters die *Anmerkungen eines Patrioten* – ein Rückblick in die deutsche Geschichte mit aktuellen Themenbezügen – herausgegeben hat.

Otto von Bismarck wurde 1815 in Schönhausen in der Altmark geboren, war seit 1845 politisch tätig und wurde nach der Reichsgründung 1871 zum Reichskanzler ernannt. Für seine treuen Dienste schenkte ihm Kaiser Wilhelm I. den Sachsenwald, wo er nach seiner Entlassung als Reichskanzler durch Kaiser Wilhelm II. hauptsächlich verweilte. »In Friedrichsruh stehen Bücher zur europäischen Geschichte aus verschiedenen Jahrhunderten und Werke, die zu gesellschaftspolitischen Fragen Stellung nehmen, sowie ein großer Teil der deutschen klassischen Literatur«, beschreibt von Bismarck die Bibliothek gleich neben der Halle.

Dieser stilvolle, in dunklem Grün gehaltene Raum, der einst Teil des Ankleidezimmers des Reichskanzlers war und wie das ganze Haus von Ferdinands Mutter Ann-Mari von Bismarck nach dem Krieg neu gestaltet wurde, ist heute als familiärer Gesprächstreffpunkt beliebt. Vor allem aber ist er das Arbeitszimmer des Hausherrn. Hier verbringt er seine Zeit am liebsten mit dem Studium der Schriften deutscher Philosophen wie Kant und Nietzsche

Links: Die grüne Bibliothek gehörte einst zum Ankleidezimmer Otto von Bismarcks. Nach dem Brand kurz vor Kriegsende entschied sich Ferdinands Mutter, Ann-Mari von Bismarck, für ein neues Interieur. Das Mobiliar stammt teilweise noch aus dem Besitz des alten Reichskanzlers.

Oben: Viele Objekte und Bücher, die einst zu Ehren Otto von Bismarcks geschaffen wurden, zieren noch heute die Räume in Friedrichsruh.

und hofft, daß er noch dazu kommen wird, die »wunderbaren Theaterstücke Schillers näher kennenzulernen«. Neben der Verwaltung des großen Familienbesitzes kümmert sich der Fürst als Mitglied des Kuratoriums der Bismarck-Stiftung in Friedrichsruh um den Nachlaß seines Urgroßvaters, da das Familienarchiv als Dauerleihgabe der Stiftung zur Verfügung gestellt wurde. Eines Tages soll es im restaurierten Bahnhof des Dorfes untergebracht werden.

Die Hausherrin, Elisabeth von Bismarck, eine beliebte Gastgeberin und engagierte Künstlerin, malt mit Vorliebe surrealistische Allegorien. Dazu zieht sie sich am allerliebsten in ihr kleines Atelier im unteren Stockwerk zurück. »Dies ist meine Welt, hier habe ich auch meine englischen historischen Romane, meine Reisebücher und meine Bände über Malerei – ohne Bücher könnte ich nicht leben«, erklärt sie.

Ganz anderen Büchern gilt ihre besondere Liebe. Die kann man nicht in die Hand nehmen und darin blättern, denn sie sind nur auf Leinwände gemalt und fliegen in surrealistischer Manier durch die Luft. Dazu erklärt die Fürstin: »In Marbella, wo ich den Sommer verbringe, bin ich bei einem meiner zahlreichen Flohmarktbesuche auf zwei großformatige graubraune Leinwände gestoßen. Und was entdeckte ich unter Schmutz und Staub? Surrealistisch gemalte Bücher – eine fliegende Bibliothek!«

Bibliotheca Bodmeriana, Cologny bei Genf

Martin Bodmer wollte immer nur das Beste, das Älteste, das Ursprünglichste, das Authentische – die Urschrift schlechthin. Deshalb gehört die Bibliotheca Bodmeriana in Cologny bei Genf heute zu den bestbestückten Bücherkollektionen der Welt. Der Schweizer, der 1899 in eine alteingesessene Zürcher Familie hineingeboren wurde und 1971 starb, suchte sein Leben lang nach besonderen Schriftstücken, die die Reise des Menschen durch die verschiedenen Zeitalter dokumentieren. Die Bibel, die antiken Gesänge Homers und die Werke Dantes, Shakespeares und Goethes dienten ihm als die »fünf Säulen«, auf die er seine Sammlung stützte und aufbaute.

In der Bodmeriana sind die wunderbarsten Exponate babylonischer Rollen, Papyrusblätter mit den ältesten biblischen und antiken Texten, mittelalterliche Manuskripte und viele Erstausgaben zu bewundern. Die Sammlung zeigt ägyptische Reliefs und Totenbücher neben Keilschriften auf Ton. Anzuschauen sind alte Landkarten, Kupferstiche, Zeichnungen und das als ältestes Schriftstück geltende Dokument: ein morgenländischer Friedensvertrag, in Ton geritzt und 2400 Jahre v. Chr. geschlossen.

»Doch Martin Bodmers große Liebe galt stets den fünf von ihm selbst so genannten Säulen, die seine persönliche Bibliothek der Weltliteratur trugen«, erklärt Professor Martin Bircher, Direktor der Bibliotheca Bodmeriana. Wer die klassizistischen Gebäude besucht, die inmitten eines romantischen Parks mit Sicht auf den Genfer See, die Stadt und das Juragebirge liegen, ist überwältigt von der Vielzahl einzigartiger Schriften.

In Vitrinen werden die Exponate aufgeschlagen und thematisch geordnet gezeigt, so daß ein jedes Sammlerherz bei ihrem Anblick höher schlägt: wunderbar handbeschriebene Papyrusblätter mit Gesängen aus der *Ilias* Homers aus dem 3. Jahrhundert; die *Gutenbergbibel*, dieses begehrte, allererste 42zeilige lateinische und auf der ersten Druckpresse hergestellte Buch von 1452; eine große Sammlung von Inkunabeln. In einem Glaskasten daneben ist die farbenreich illustrierte *Divina Commedia* Dantes zu bewun-

Die Bibliotheca Bodmeriana ist in zwei klassizistischen Gebäuden in einem wunderschönen Park mit Blick auf den Genfer See untergebracht. Martin Bodmer, ihr Begründer, erlangte mit seiner Büchersammlung Weltruhm.

Links: Nach Martin Bodmer gibt es fünf »Säulen« als unvergleichliche Beweise des menschlichen Genies: Homer, die Bibel, Dante, Shakespeare und Goethe.

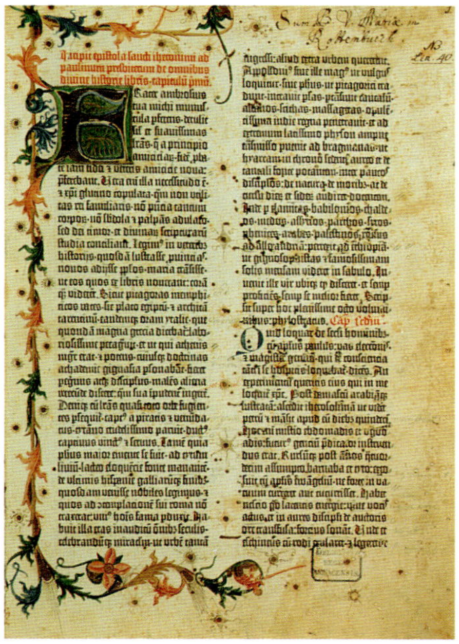

dern, die er 1378 geschrieben hat. Weitere prachtvolle Exponate sind Handschriften von Johann Wolfgang Goethe, darunter Teile des *Faust II*.
Nach Weimar, der Stadt, in der Goethe mehr als ein halbes Jahrhundert lebte und wirkte, verfügt man in Cologny über eine der größten Goethe-Sammlungen der Welt. Allein rund 1000 verschiedene Schriften zum *Faust* hat Martin Bodmer zusammengetragen. Neben einer vollständigen Kollektion der Übersetzungen in europäische Sprachen bietet die Bodmeriana auch Übertragungen ins Arabische, Türkische, Chinesische, Armenische, Georgische, in Yiddish und sogar ins pakistanische Urdu. Um für Bodmer interessant zu sein, mußte eine Ausgabe nach der Urschrift des Verfassers erarbeitet oder von ihm persönlich gutgeheißen und möglichst von ihm selbst korrigiert worden sein.

Links oben: Die Gutenbergbibel, Mainz 1452–1454.
Rechts oben: Maximos Planudes, Das Leben des Äsop. Griechische Handschrift, Italien, zweite Hälfte des 15. Jahrhunderts.

To the Reader.

This Figure, that thou here seest put,
It was for gentle Shakespeare cut;
Wherein the Grauer had a strife
with Nature, to out-doo the life:
O, could he but haue drawne his wit
As well in brasse, as he hath hit
His face; the Print would then surpasse
All, that vvas euer vvrit in brasse.
But, since he cannot, Reader, looke
Not on his Picture, but his Booke.

B. I.

MR. WILLIAM SHAKESPEARES COMEDIES, HISTORIES, & TRAGEDIES.

Published according to the True Originall Copies.

LONDON
Printed by Isaac Iaggard, and Ed. Blount. 1623.

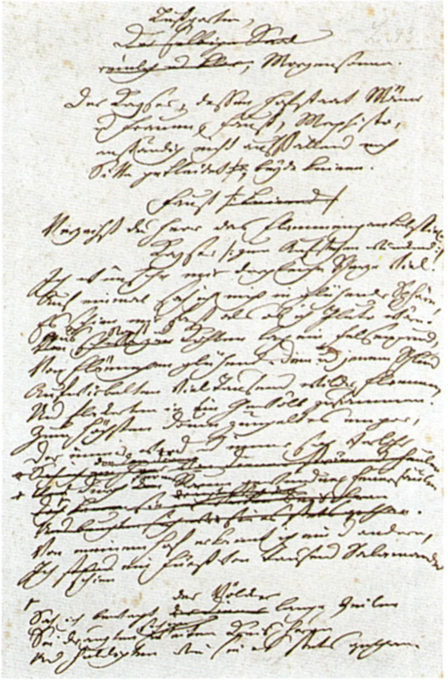

Links oben: William Shakespeare, Erste Folio-Gesamtausgabe, London 1623.
Rechts oben: Johann Wolfgang Goethe, Faust II, eine Szene aus dem 1. Akt, Autograph des Dichters.
Links unten: Dante Alighieri, La Divina Commedia, 1378, Codex Severoli, Beginn des »Paradiso«.
Rechte Seite: Blick aus dem Arbeitszimmer Professor Birchers in die Eingangshalle.

In den 1950er Jahren legte der Schweizer Bibliophile den Grundstein für eine andere seiner Säulen: Aus Amerika erwarb er über siebzig Shakespeare-Erstdrucke, datiert zwischen dem Ende des 16. und dem Anfang des 17. Jahrhunderts. Damit wurde er unter anderem stolzer Besitzer der frühesten Ausgaben von William Shakespeares *Much Ado About Nothing, Henry the Fourth, Troilus and Cressida*, der Sonette sowie der vier Folio-Gesamtausgaben.

Neben Bodmers fünf Säulen hat die Bibliothek noch unendlich viel mehr Schätze zu bieten, darunter Handschriften des *Nibelungenliedes*, der *Canterbury Tales* von Geoffrey Chaucer aus dem 15. Jahrhundert im originalen Lederschutzmäppchen, des *Canzoniere* von Petrarca. Vorhanden sind zudem das Blatt von Martin Luthers 95 Thesen gegen den Sündenablaß von 1517, mit denen die Reformation begann, die Erstausgabe von *Don Qujchote*, den Miguel de Cervantes Saavedra im 17. Jahrhundert schuf, das Autograph der ältesten Märchensammlung der Brüder Grimm von 1810 sowie wichtige Handschriften von Rilke, Herder, Stifter, Lessing, Hesse, Baudelaire, Balzac und Oscar Wilde, um nur eine Auswahl aufzuzählen, die die Sammlung ihr eigen nennen kann.

Der besessene Bücherkenner und Büchersammler Martin Bodmer brachte diese gewaltige Privatkollektion kurz vor seinem Tode in eine Stiftung ein. Auf diese Weise können viele kostbare Dokumente der Kulturgeschichte in der Bibliotheca Bodmeriana der Öffentlichkeit zugänglich gemacht werden – ganz im Sinne ihres Begründers.

Reiner Speck, Bibliophiler Kunst-sammler, Köln

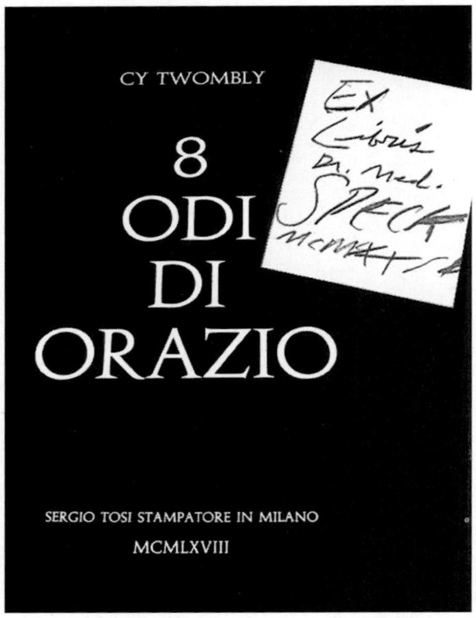

Oben: Eine von Cy Twombly 1968 mit Siebdrucken illustrierte Horaz-Ausgabe; darüber das von Twombly für den Sammler entworfene Exlibris.
Rechts: Learn to read art – apprendre à lire l'art – eine Wort-Skulptur von Cy Twombly. Als Sopraporten dienen subtile Papierarbeiten von Mario Merz und Walter de Maria.

Das mittelgroße rechteckige Stück Papier, von großzügiger Hand mit wenigen Worten beschrieben, könnte als Bindeglied zweier Welten bezeichnet werden, als das verbindende Element der beiden großen Leidenschaften des Professor Dr. Reiner Speck: Kunst und Buch. Oder Buch und Kunst. Das hellbeigefarbene Stück Papier ist das persönliche Exlibris des bekannten Kölner Sammlers, und entworfen hat es der amerikanische Künstler Cy Twombly. »Es ist zu groß, um es in meine Bücher zu kleben«, gesteht der Arzt, dessen bedeutende Kunst- und Büchersammlungen Weltruf erlangt haben, mit einem fast entschuldigenden Lächeln und legt es sorgfältig in ein Mäppchen zurück.
Die Ordnung in den Sammlungen Speck folgt einem persönlichen Prinzip des Hausherrn. Da gibt es kein langes Suchen in einem Schränkchen, kein orientierungsloses Herumtasten in den verschiedenen Bücherregalen und auch keinen einzigen Fehlgriff in die hintere, verborgene Bücherreihe. Die treibende Kraft hinter diesem für einen Außenstehenden nicht zu durchschauenden Schema ist seine Sammelleidenschaft. »Schließlich basiert meine gesamte Sammeltätigkeit, diese mich ständig fordernde Passion, dieses Suchen nach dem letzten fehlenden Stück stets auf dem einen – auf dem Wort«, erläutert der Mann, der seine gesamte Freizeit dem Leben und Schaffen Marcel Prousts, dem Werk Petrarcas und der zeitgenössischen Kunst verschrieben hat. »Und so ist auch meine Kunstsammlung ganz automatisch aus dem Geiste meiner Bibliothek entstanden.«
Weil für Reiner Speck am Anfang das Wort war, versucht er, stets auf das erste handgeschriebene oder gedruckte Wort zurückzugehen. Daß er in seiner »Bibliotheca Proustiana Reiner Speck« unzählige Erstausgaben, fast sämtliche Übersetzungen – die japanische hält er für die einfühlsamste – einige Originalzeichnungen, gefaltete Korrekturfahnen und rund 2500 Bände Sekundärliteratur besitzt, ist für den Begründer und Präsidenten der deutschsprachigen Marcel Proust Gesellschaft mit Sitz in Köln selbstverständlich. Beim vorsichtigen Durchblättern einer Erstausgabe von *Du Côté*

APPRENDRE À LIRE L'ART
LEARN TO READ ART
WITTGENSTEIN
Cendrars

de Chez Swann aus dem Jahre 1913 gerät der sonst eher zurückhaltende Mann ins Schwärmen: »Schauen Sie, hier zu Beginn ist ein kleiner Druckfehler – Wochen später ist er aber im neuen Druck korrigiert und verschwunden. Daß ich diesen Fehldruck besitze, der nur kurz auf dem Markt war, freut mich ganz besonders.« Die tägliche Proust-Lektüre gehört zum Leben von Reiner Speck wie die Nahrungsaufnahme und der Schlaf, »denn je mehr ich von ihm und über ihn lese, desto mehr möchte ich erfahren – es ist eine kontinuierliche, fast obsessive Beschäftigung.«

»Ein wahrer Sammler geht über die Grenzen seiner Leidenschaften hinaus«, stellt Reiner Speck ohne Umschweife fest und fügt mit leiser Stimme hinzu, daß sein Beruf als Arzt ihn glücklicherweise immer wieder daran erinnere, auf die Stimme der Vernunft zu hören und ab und zu innezuhalten. Den-

Links: Einer der Schwerpunkte von Reiner Specks Lese- und Sammelleidenschaft ist Marcel Proust, der mit zahlreichen Autographen, Briefen, Zeichnungen, Widmungsexemplaren und etwa 3000 Primär- und Sekundärwerken Regale und Schubladen füllt.

Links: In enger Nachbarschaft zu seinen Büchern plaziert der lesende Kunstsammler mit Vorliebe von ihm sogenannte »Bibliotheks-Bilder«, deren Inhalt oder Form durch das geschriebene Wort geprägt sind; hier Zeichnungen von Cy Twombly, entstanden zwischen 1959 und 1978.

noch bleibt es ein Rätsel, wie dieser Mann es schafft, überall gegenwärtig und stets mit Geist und Seele hundertprozentig bei der Sache zu sein: in seiner Arztpraxis, bei den wichtigen Kunstausstellungen, auf den großen Auktionen, in Galerien, auf Ärztekongressen, auf Messen, bei Händlern, auf Kunstmärkten, bei befreundeten Künstlern. Darüber hinaus hält er Vorträge, publiziert Essays zur Kunst-, Literatur- und Medizingeschichte, organisiert Tagungen und Ausstellungen, reist, beobachtet, wählt aus, dokumentiert und ordnet ein – und immer wieder wird gelesen. »Es ist alles eine Sache der Organisation«, meint der Vielbeschäftigte völlig gelassen, »irgendwie geht alles immer auf. Vielleicht bei mir mit einem kleinen Unterschied – ich brauche nicht sehr viel Schlaf und arbeite auch nachts. Dabei wäre ich noch glücklicher, wenn ich mit einer einzigen Stunde Schlaf auskommen könnte.«
Die wunderbare Hauptbibliothek im Erdgeschoß seiner Jahrhundertwende-Villa – eine Wand ist Petrarca, eine andere Proust vorbehalten, die anderen Wände Kunstwerken des 20. Jahrhunderts – hat der passionierte Bücher- und Kunstsammler so eingerichtet, daß er beim Lesen direkt durch die großen Glastüren in seinen prachtvollen Garten blicken kann. »Wir haben die Lage unseres Hauses genauso gewählt, wie Proust seine Hotelzimmer auszusuchen pflegte: jeweils am Ende eines Ganges. Und so sind wir ans äußerste Ende dieser Straße mit freiem Blick in die Natur gezogen«, erklärt Reiner Speck. Am allerliebsten aber würde er auf einem Felsen am Meer mit einer Schloßbibliothek wohnen. In dem »Wir« sind die Ehefrau und die Tochter des Kölner Arztes inbegriffen.
Auf die Frage nach seiner Familie führt der Hausherr ins obere Stockwerk der alten Villa zu einer besonderen Art Familienporträt. Es hängt über dem dunklen Holzbett im Schlafzimmer, ist von seinem Freund Cy Twombly gemalt und trägt den Titel *Portrait: Herr Dr. Reiner Speck.* »Es ist in Umbrien

entstanden, wo Twombly im Sommer wohnt«, erklärt Speck das Familienporträt. »Hier sehen Sie zwei Kinderzeichnungen unserer damals dreijährigen Tochter Laura, die Twombly in das Bild integriert hat; weiter unten stehen die Buchstaben *M. P.* für Marcel Proust und gleich darunter: *Petrarca Poeta Laureatus.* Ich habe unserer Tochter Laura, die nach der Angebeteten Petrarcas benannt ist, in ihre Wiege die erste Inkunabel, einen sogenannten Wiegendruck, des großen italienischen Dichters des 14. Jahrhunderts gelegt. Das war 1975 – und seit damals ist meine Petrarca-Sammlung zusammen mit unserer Tochter gewachsen.« Doch zurück zu Cy Twomblys Familienbild. Reiner Specks Antworten auf die in der Manier eines Proustschen *Questionnaire* gestellten Fragen des amerikanischen Künstlers – zu seinen Lieblingsmusikern, Lieblingsfarben, Lieblingszahlen und Lieblingsorten – hat Twombly in Form von Schriftzeichen, Kommentaren und Farbtupfern in das großformatige Bild integriert.

Das Porträt beschreibt den Menschen Reiner Speck. Das Bild neben der Eingangstür zur Bibliothek enthält eine besondere Widmung an den bibliophilen Kunstsammler: *Learn to read art – apprendre à lire l'art* heißt es, und geschaffen hat es der New Yorker Künstler Lawrence Weiner im Jahre 1984. »Es ist das Schlüsselbild für meine Bücherwelt«, erklärt der Besitzer unzähliger Schriftbilder und Schriftobjekte. Ob Cy Twombly oder Joseph Beuys, Marcel Broodthaers oder On Kawara, ob Sigmar Polke oder Mario Merz, Jannis Kounellis oder Bruce Nauman, Albert Oehlen oder Martin Kippenberger, ob Thaddeus Strode oder Raimond Pettibon, Walter de Maria oder Hamish Fulton, Thomas Schütte oder Georg Herold – allen gemeinsam ist die Aussage mittels Schrift, Sprache, Wort, Zeichen und Ziffer.

Einer wurde noch deutlicher. Der Künstler Georg Herold schuf 1990 einen fast mannshohen Kegel, den er *Mountains of Cocaine* betitelte. Auch dieses Werk hat für den Sammler Dr. Reiner Speck Identifikationscharakter, »denn es repräsentiert wohl aufs deutlichste den Stoff, den wir Süchtigen tagtäglich brauchen.«

Die Schriften des italienischen Dichters Francesco Petrarca, der oft als erster wahrer Humanist und Renaissancemensch bezeichnet wird, prägen in Gestalt von Inkunabeln und wunderschön gebundenen Frühdrucken die Aura der Speckschen Bibliothek.

Gertrud von Heiseler, Literaturkennerin, Brannenburg

Der Phlox blüht üppig dunkelrosa, und die Schwertlilien scheinen fast schon schwarz; die Kühe auf der Weide am Hang hinterm Haus sehen wie hingemalt aus; eine alte Kastanie überdacht ein lauschiges Sitzplätzchen. Und wo, bitte, sind die 15 000 Bücher? »Im Stall«, lacht die Dame des Hauses, »aber keine Angst, der ist umgebaut.«
Seit fast sechzig Jahren wohnt Gertrud von Heiseler in dem entzückenden abgelegenen Bauernhaus in Oberbayern. Es ist das Elternhaus des Schriftstellers Bernt von Heiseler, ihres verstorbenen Mannes. »Dieses fünfhundert Jahre alte Haus hat unendlich viel erlebt«, erzählt die alte Dame, die ihre Jugend in der russischen Mandschurei, später in Rom und in Salzburg und schließlich in Wien verlebt hat. »Es war das Zuhause unzähliger Flüchtlinge während der langen Kriegsjahre, es war unser geliebtes Familienheim, und es war – das ist sehr wichtig – stets eine Stätte der Begegnung«, berichtet sie weiter.
Noch heute empfängt Gertrud von Heiseler mit Begeisterung Gäste; die meisten sind lesefreudig, vorlesegewandt und literarisch so bewandert wie sie selbst. »Ich liebe es, gemeinsam mit Freunden zu lesen«, schwärmt die passionierte Gastgeberin. »Jemandem zuzuhören, der gut rezitiert, ist ein Genuß«, fährt sie fort. Täglich trifft sich die engagierte geistreiche Dame mit ihrer Lesepartnerin zum Frühstück. »Wir laden uns abwechselnd ein und lesen eine Stunde lang Pascal, Augustinus oder Dostojewskij«, berichtet sie. Seit über zehn Jahren führt Gertrud von Heiseler einen wöchentlich stattfindenden Lesekreis im Dorf und fährt regelmäßig zu einem großen Lesezirkel nach München.
»Mit zwölf Jahren habe ich zum erstenmal *Schuld und Sühne* von Dostojewskij gelesen«, erinnert sie sich, »und war so fasziniert, daß ich das Buch immer wieder lesen mußte.« Während ihrer Studienzeit, die sie der Germanistik, Geschichte und Philosophie widmete und mit der Promotion abschloß, begegnete sie dem bedeutenden österreichischen Kulturphilosophen Rudolf Kassner. »Er war eine beeindruckende Persönlichkeit! Ein Mann, dem ich

Ein Bauernhaus voller Bücher: Genau 14 781 Exemplare konnte Gertrud von Heiseler im Sommer 1998 ihr eigen nennen. Die Buchliebhaberin hat jedes ihrer Bücher gelesen, oft sogar mehrmals.

stundenlang zuhören konnte und von dem ich unendlich viel gelernt habe«, erinnert sich Gertrud von Heiseler nicht ohne Stolz. Sie fiel dem bekannten Essayisten während einer Lesung auf, »als ich noch so jung und unerfahren war, er aber sofort erkannt haben muß, daß in mir ein ungeheurer Wissensdrang steckt«, fügt sie beinahe schüchtern hinzu. Von da an traf sich das ungleiche Paar jeweils samstags zum Tee und sprach über kulturgeschichtliche Themen oder philosophierte über das Weltbild des großen Gelehrten. Das Gesamtwerk Rudolf Kassners ist selbstverständlich in der Bibliothek seiner gelehrigen Schülerin präsent. Von besonderem Wert sind für sie die vielen Briefe, die sie über Jahre hinweg von Rudolf Kassner erhalten hat. »Seine Briefe sind zauberhaft und voller Poesie und halten in mir die wunderbaren Erinnerungen an eine einmalige Zeit wach.«

Auch ihren späteren Ehemann hatte die nicht zu bremsende Wißbegier der jungen Gertrud fasziniert: Gemeinsam mit ihm drang sie immer tiefer in die Welt der Literatur ein. Bernt von Heiseler, der durch seine Romane *Die gute Welt* und *Versöhnung* sowie Essays und Bühnenstücke bekannt geworden war, weckte in seiner jungen Frau die Liebe zum Rezitieren. »Er hatte ein erstaunliches Gedächtnis und konnte abendfüllend vortragen«, erinnert sie sich. Er rezitierte oft, wenn das Haus voller Gäste war: Der Lyriker Hans Carossa, der Dichter Max Mell sowie Stefan George und viele andere kamen gern zu Besuch. »Wo könnte es schöner sein als in diesem abgelegenen herrlichen Garten und diesem Haus zu verweilen und zu lesen und zu diskutieren?« fragt Gertrud von Heiseler. »Sagen Sie mir wo?« Verschweigen will sie, daß der entzückende Bauerngarten mit seiner einzigartigen Schwertlilienvielfalt dank ihrer Passion und Geduld entstanden ist, und daß das alte Bauernhaus so hell und freundlich erstrahlt, weil sie es eigenhändig in fröhlichen Farben gestrichen hat.

Den Schreibtisch in ihrem kleinen Schlafzimmer liebt Gertrud von Heiseler besonders. Hier liest sie oft, bewacht von einem Engel, den Marlene Neubauer schuf, und einem Aquarell von Anton Lehmden.

Blick ins einstige Arbeitszimmer des Schriftstellers Bernt von Heiseler. Jedes Buch wird von Frau von Heiseler eigenhändig katalogisiert und in den entsprechenden Karteikästen abgelegt.

Begonnen wurde der Umbau des Bauernhauses zum großzügigen Familiensitz schon zu Anfang des 20. Jahrhunderts, als Bernt von Heiselers Vater Henry, ebenfalls Schriftsteller von Beruf, zusammen mit dem Architekten Henry van de Velde Baupläne schmiedete. »Das Haus hatte folgendermaßen aussehen sollen: vorn bayrischer Bauernhof, hinten Schloß Sanssouci und überdacht werden sollte das Ganze wie eine russische Datscha!« erzählt Gertrud von Heiseler lachend. »So weit kam es nicht, doch entstanden damals auch die Räume, die heute unsere vielen Bücher beherbergen.« 14 781 Exemplare sind es ganz genau – das hat sie in einer fein säuberlich handgeschriebenen Kartothek festgehalten. »Kein Buch wird vergessen! Da waren mein Mann und ich immer sehr genau.«

In der Anordnung ihrer Bücher gingen die von Heiselers stets nach System vor: Auf der Galerie »wohnen« die Erst- und Gesamtausgaben; gesondert stehen alle Kunstkataloge von 1946 bis heute – »aber nur von den Ausstellungen, die wir besucht haben« – und gegenüber »die Griechen, die Römer und die Russen«. Die Bibliothek ist auf zwei Räume verteilt, die die Hausherrin graublau gestrichen hat. In einem Raum befindet sich die deutsche Literatur, alphabetisch geordnet, im Nebenzimmer stehen Werke aus verschiedenen Ländern sowie Lexika und Ausgaben der Welt- und Literaturgeschichte. Griffbereit neben dem ehemaligen Schreibtisch von Bernt von Heiseler ist seine Handbibliothek mit den Lieblingswerken von Novalis, Hofmannsthal, Wedekind, Dante, Shakespeare und Homer zu finden.

In unzähligen Kunstbänden kann man im Gästezimmer blättern, während Städte-, Länder-, Völker- und Naturgeschichte die Regale des Schlafzimmers der Hausherrin zum Bersten bringen. Überall zwischen den Büchern sind Schätze versteckt. »Diese kleine Teekanne gehörte Goethe und stammt aus Weimar, die Gipshand auf dem Fensterbrett ist die von Henry von Heiseler, dieser Kasten enthält fünfundvierzig Farblithographien von Marc Chagall, die Aquarelle sind von Anton Lehmden, und den Todesengel dort auf meinem Pult hat Marlene Neubauer kreiert«, erklärt Gertrud von Heiseler. Kein Stück im alten Bauernhaus, das sie nicht kennt oder liebevoll benennt! Und in keinem Buch in den unzähligen Regalen fehlt ihr Exlibris: »Denn wenn jemand schon ein Buch stiehlt, soll er wenigstens ein schlechtes Gewissen haben«, gibt mir meine eloquente Gesprächspartnerin mit auf den Weg.

Herry Schaefer, Sammler, Zürich

Ein Sammlerleben in Kisten: »Krankhaft«, so sagt Herry Schaefer selbst, wird alles gesammelt, was auch nur im entferntesten mit Kunst auf Papier zu tun hat.
Wo er seine unzähligen Briefe und die russischen Propagandaplakate unterbringen soll, weiß er noch nicht.

Ich bin uferlos«, stellt Herry Schaefer mit einem verzweifelten Gesichtsausdruck fest. »Ich sammle alles – Bücher, Manuskripte, Landkarten, Briefe und Briefmarken, Dokumente, alte Aktien und Obligationen, Stiche, Musiknoten, Plakate, Propagandapamphlete, Kinoreklamen – eigentlich alles, was mit Papier zu tun hat. Aber ich besitze auch eine Sammlung osmanischer Mineralwasserflaschen, antiker Lupen, alter Zigarettenschachteln und türkischer Bilder. Ich interessiere mich halt für alles, für jede Kultur, für jede Epoche! Das ist ein riesengroßer Nachteil. Manchmal denke ich, wie schön wäre es, wenn alles abbrennen würde. Dann wäre ich irgendwie erleichert und könnte wieder von vorne anfangen.«

Der »krankhafte Sammler« – eine Selbsteinschätzung Herry Schaefers – hat mit fünf Jahren sein erstes heißgeliebtes Buch *Tiere ums Haus* und sein erstes Briefmarkenalbum erhalten. Damit nahm der Weg des Sammlers seinen Anfang. »Ich führte zwar bis zum Alter von achtundzwanzig Jahren ein intensives Gesellschaftsleben, aber dann war es vorbei: Statt meine Tage auf dem Golfplatz zu verbringen, besuchte ich jedes Wochenende irgendeinen Flohmarkt, tauchte in einem der mir bekannten Antiquariate in ganz Europa auf oder setzte mich zwischen meine Bücher und suchte nach spannenden Geschichten.« Neben ungeheuer viel Wissen hat ihm seine unaufhaltsame Spürhundtätigkeit auch wunderbare Begegnungen beschert. »Ich habe Menschen getroffen, mit denen ich in meinem normalen Arbeitsleben nie zusammengekommen wäre – Exzentriker, Verrückte, Fanatiker, unglaublich interessante und liebenswürdige Leute, von denen viele Freunde und einige auch Bankkunden geworden sind.«

Der notorische Sammler schwankt zwischen Begeisterung und Verzweiflung. Er droht manchmal, in seinen Sammelobjekten unterzugehen. Zwischen aufgestapelten Kisten voller Briefe und Bücherbergen, die bis unter die Decke reichen, kann man ihn dann in den hintersten Winkeln eines Zimmers, das eigentlich ein Eßzimmer ist, in Papieren wühlend finden. »Seit acht Jahren können wir unser Eßzimmer nicht mehr benutzen«, sagt er

Das Eßzimmer im Hause Schaefer hat schon vor Jahren seine ursprüngliche Funktion verloren. Doch nun werden 30 000 Bücher, zur Freude der Familie, per EDV erfaßt und in eine separate Wohnung überführt.

schuldbewußt, »hier und in anderen Räumen steckt das Resultat einer fünfunddreißigjährigen Sammlertätigkeit.« Kein Tag vergeht, an dem Herry Schaefer nicht die Spur eines interessanten Schriftstücks aufnimmt, an dem er nicht mit einem Gleichgesinnten irgendwo auf der Welt, und sei es im hintersten Sibirien, telefoniert, um dann vielleicht aus Istanbul zu erfahren, wer gerade ein langgesuchtes Buch verkauft. »Gestern habe ich eine Postkarte von Klimt erworben«, erzählt der Privatbankier a. D., »die hat er aus Italien geschrieben und auf der Rückseite mit wunderbaren Silhouetten von Florenz in violet, orange und blau bemalt – ein Traum!«
Besonders am Herzen liegt Schaefer – neben der Geschichte der Indianerstämme Nordamerikas – die Geschichte der Völker auf dem Balkan und des Osmanischen Reiches. Der Schweizer besitzt dazu eine gut gefüllte Schatz-

Mit vielen Sammelstücken verbindet Herry Schaefer ein persönliches Erlebnis. Eines davon ist dieses Kunstbuch über das Schaffen Marc Chagalls, das der Künstler 1969 in Bild und Wort signierte.

truhe: Briefe aus dem 16. Jahrhundert – »zwei Schachteln voll« –, das erste in der Schweiz gedruckte Werk über die Türkei, ein Traktat Luthers gegen die Türken, das Tagebuch des bekannten österreichischen Orientalisten Joseph von Hammer-Purgstall aus dem Jahre 1834, den ersten Türkei-Fremdenführer von 1729 und unzählige in deutsch, englisch oder türkisch geschriebene Bücher zur Geschichte des Osmanischen Reiches. »Ich bin als einziger Ausländer Mitglied in der erlesenen Bibliophilen Gesellschaft von Istanbul«, berichtet Herry Schaefer stolz. Die türkischen Texte, die er nicht alle selbst lesen kann, übersetzt ihm seine türkische Ehefrau.

Außer einem Faible für alles Türkische hat der passionierte Schriftensammler eine Vorliebe für die kleinen Händler, bei denen er zwei bis drei Stücke pro Tag kauft, »denn irgendwie kann ich es nicht mit ansehen, wie die kleinen Händler auf ihrer Ware sitzen bleiben.« An seine aus allen Nähten platzenden Räume denkt er dabei nie.

Das Chaos wird aber bald ein Ende haben. Der Zürcher hat sieben Studenten beauftragt, seine 30 000 Bücher und alle anderen Sammelobjekte zu ordnen und digital zu erfassen. »Damit ich meine Bibliothek einmal öffentlich zugänglich machen kann«, erklärt Schaefer seinen Entschluß. Zu diesem Zweck ist auch schon eine separate Wohnung angemietet worden.

Graf und Gräfin Christoph Douglas, Kunstexperten, Frankfurt am Main

Die Familie Douglas wohnt mit ihren Kindern, dem Hund und ganz vielen Büchern in Frankfurt; nicht in einer der Vorstädte am Fuße des Taunus, sondern mittendrin zwischen Hochhäusern in einem Viertel mit Banken, Restaurants, Zeitungsläden und Lebensmittelgeschäften. Ihr Haus hat den Bombenhagel des Zweiten Weltkriegs überstanden. Die Einrichtung ist klassisch-elegant und gemütlich zugleich – ganz im persönlichen Stil der Hausherrin, Gräfin Bergit Douglas. Sie ist Innenarchitektin, und ihr Berufscredo lautet schlicht: Ein Heim muß die Bedürfnisse seiner Bewohner befriedigen und soll unverwechselbar sein. Für das Heim ihrer Familie bedeutet das, daß es »Geborgenheit und Schutz vor einer hektischen Stadt« bieten muß.

Im Hause Douglas erfüllen insbesondere drei Räume, die Gemütlichkeit und Wärme ausstrahlen und nicht einladender sein könnten, diesen Anspruch: die gelbe, die rote und die grüne Bibliothek. Bücher haben mehrere Funktionen. »Sie sollen sich selbst in Erinnerung bringen«, erklärt Graf Christoph Douglas, promovierter Kunsthistoriker und international anerkannter Kunstberater, »wann, unter welchen Umständen und an welchem Ort sie gelesen wurden. Sie sind stets dominierend und immer präsent, sie fordern auf, weitergelesen zu werden, und bieten – wie eine Barrikade – Schutz vor dem Druck des Alltäglichen.«

Die rote Bibliothek ist das Arbeitszimmer des Kunstexperten, seine wissenschaftliche Hausbibliothek und sein Dokumentationszentrum. Es ist mit einem antiken Schreibtisch und einem alten Ledersofa aus dem 19. Jahrhundert ausgestattet. Die große Bücherwand enthält Kunstbücher, Biographien, Kataloge und Nachschlagewerke. Auch die persönlichen Erinnerungsstücke des Hausherrn stehen hier: ein vergilbtes Foto des Vaters, eigene Kinderbilder und ein kleines Geschenk aus Glas, eine Erinnerung an den Großvater. An der Wand hängt ein Gemälde von Francesco Mola, um 1600 entstanden. Es zeigt einen Mann mit großem Federhut, der in einer offenen Landschaft Bratsche spielt. Wer will, kann es hören! »Hier in meinem Arbeitszimmer

Oben: Die oktogonale gelbe Bibliothek liegt zwischen Eingangshalle, Salon und Speisezimmer.
Folgende Doppelseite: Im Zentrum der gelben Bibliothek steht dieser antike runde Tisch. Die Bronzefiguren stellen Rousseau und Voltaire dar, die Büste stammt aus dem 3. Jahrhundert.

Oben: Das Arbeitszimmer eines Ästheten: Der Kunstexperte Graf Douglas hat seine Bibliothek der Kultur- und Kunstgeschichte gewidmet.
Rechts: Die grüne Bibliothek ist gleichzeitig der Familiensalon, die Fernsehecke und das Arbeitszimmer der Hausherrin.

sollen alle Sinne angesprochen werden«, erklärt der Hausherr. Da der Kunstfachmann daheim stets ohne Schuhe arbeitet, hat er seine selbstkonstruierte Bibliotheksleiter mit ganz flachen Tritten versehen. Alles in diesem Raum ist harmonisch und auf die Bedürfnisse seines Benutzers abgestimmt.
Die gelbe Bibliothek wurde von Bergit Douglas ganz gradlinig und schnörkellos gestaltet. Viele der in diesem achteckigen Durchgang vom Speisezimmer zum Salon untergebrachten Bücher stammen aus dem 18. Jahrhundert. Die Lederbände sind zum Teil von einem Mitglied der Familie handgebunden worden. An einem runden Tisch trifft man sich zu einem Drink vor dem Essen; Vater und Tochter spielen hier auch ihre geliebten Brettspiele.
Die grüne Bibliothek mit geblümten Stofftapeten, einem gemütlichen Kamin und vielen Familienstücken wirkt wie ein kleiner Salon und dient der Innenarchitektin als Büro. Ihr Einrichtungsstil »ganz ohne modischen Schick« zeigt sich auch im Schlafzimmer, das als die vierte Bibliothek gelten kann, obwohl dort nur die Lieblingsbücher des Ehepaares in einfachen Regalen stehen. Nach einem langen Tag sollen sie, bis das letzte Licht gelöscht wird, zu einem Spaziergang in ihre Welt einladen.

Porträtmalerei
L'ART GOURMAND
Provence Interiors
HELMUT NEWTON PORTRAITS

Melanie Bosanquet-Munk, Antiquitätensammlerin, Paris

Hier riecht es so richtig schön nach Büchern. Nicht modrig und verstaubt, sondern nach frischpolierten Lederbänden. »Kein Wunder«, lacht Melanie Bosanquet-Munk, die Besitzerin dieses gemütlich-eleganten *pied-à-terre* mitten in Paris, »Colette, unsere Fee, reinigt und wachst die Bücher einmal wöchentlich mit all ihrer französischen Hingabe.« Kaum hat sich nach einigem Rütteln an dem schweren alten Schloß die Holztür zu Melanies Wohnung öffnen lassen, steht man mitten in der kleinen, aber äußerst feinen Bibliothek. »Anstelle eines langweiligen Entrees und eines selten genutzten Eßzimmers haben wir uns für unsere Büchersammlung entschieden«, erklärt die gebürtige Engländerin, deren Geschmack sich in jedem Detail dieses wunderschönen Appartements widerspiegelt, »denn Bücher geben so viel Wärme und Ambiente und bereiten so ungeheuer viel Spaß.«

Dunkel bemalte Bücherwände im Stil des Empire empfangen den Besucher. Zwischen den wertvollen ledergebundenen Werken aus dem 18. und 19. Jahrhundert steht eine Uhr von André-Charles Boule aus der Zeit des Sonnenkönigs Ludwig XIV. Melanie überläßt selten etwas dem Zufall. Sie sucht ihre erlesenen antiken Möbelstücke, die großen Gobelins für die Wände, die verblichenen Aubusson-Teppiche, die auf den alten, jedoch neu verlegten Holzböden liegen, aber auch jede Figur und jeden Bilderrahmen weltweit auf Auktionen, auf Flohmärkten und bei Händlern aus. »Und auch jedes Buch«, betont die attraktive Dame, die den größten Teil des Jahres mit ihrem kanadischen Ehemann, dem Unternehmer Peter Munk, in Toronto verbringt. »Wir lieben Bücher und reisen weit für einen alten Druck von Molière, Dickens oder Shakespeare.«

Es sind genau 1482 Lederbände, die den Bibliotheksraum »bevölkern« – in guter Gesellschaft mit dem über zweihundert Jahre alten französischen *bureau plat* aus Mahagoni, dem Ledersessel aus der Zeit des englischen Königs Georg III. und einer Büste aus dem 18. Jahrhundert, die den Marquis de Condorcet darstellt. »In Paris stehen unsere Kostbarkeiten, über deren

Oben: Liebevoll bewacht wird das Buch aus dem 18. Jahrhundert von einer Heiligenfigur.

Links: Ein Stilleben auf einer antiken französischen Kommode: die geschnitzte Figur aus dem 17. Jahrhundert, die weißen Lilien und dahinter der zweihundert Jahre alte Spiegel.

Rechts: Eine Bibliothek im Empirestil, in der sich Prachtbände aus dem 18. und 19. Jahrhundert finden. Im Hintergrund eine Uhr von André-Charles Boule, davor ein antiker Gobelinstuhl.

Oben: Der Bewacher dieser prächtigen Pariser Bibliothek ist der Marquis de Condorcet. Seine bemalte Terrakottabüste thront unter einer vergoldeten antiken Uhr.

Schönheit wir uns freuen, in denen wir blättern und lesen«, beschreibt Peter Munk die Bibliotheken. »In Toronto und in unserem Berg-Chalet haben wir hingegen Tausende von Büchern, die wir lesen, gelesen haben oder lesen werden.«
Der charismatische Unternehmer, der eine der weltgrößten Immobilienfirmen sein eigen nennt, sagt von sich selbst: »Mich kennzeichnet meine unstillbare Neugier.« Und weil er »nicht anders kann«, liest er, was ihm in die Hände kommt. »Ich liebe Biographien, wie die über Baron Blixen, Eduard VII. oder die kanadische *royal family*, die Eatons, die ich alle zur Zeit lese, oder aktuelle Titel wie George Soros' *Global Capitalism in Crisis*, aber auch Bücher über die Geschichte Kanadas, über das Judentum, Bücher, die sich mit Wirtschaft und Politik befassen – das alles interessiert mich.« Als Ingenieur sei er Realist, deshalb hätten es ihm philosophische Schriften weniger angetan, gesteht er, das sei schon in seinen Jugendjahren so gewesen. Und was die schöne Literatur betrifft: »George Orwells utopischer Roman *1984* war schon damals eher meine Literatur als Werke von Flaubert.«
Allen voran stellt Peter Munk das Buch eines kanadischen Landsmannes, *The Canadian Establishment* von Peter C. Newman, das Kanadas *all time bestseller* sei. Doch diese Art von Büchern gehört nicht ins stilvolle Pariser Büchermekka. »Die sind weniger etwas fürs Auge, dafür mehr für den Geist«, meint Peter Munk lachend, »die dürfen nicht in Melanies elegante Bibliothek – dort würden die farbigen Einbände das wunderbare Bild nur stören.«

Anton Mosimann, Chefkoch, London

Der Londoner Küchenchef Anton Mosimann besitzt eine ganz besondere Gabe für den Umgang mit Speisen. Und mit derselben Liebe und Sorgfalt, mit denen er seine unvergleichlichen Menüs kreiert, behandelt der gebürtige Schweizer auch die Bücher seiner Kochakademie.
Die Bibliothek bildet den Mittelpunkt in dem viktorianischen Schulgebäude am Rande Londons, in dem die Kochschule The Mosimann Academy untergebracht ist; der Club Mosimann's findet sich in der Innenstadt. Diesen kulinarischen Tempel betreibt Anton Mosimann in einer 160 Jahre alten, als Gotteshaus ausgedienten Kirche.
»Ich liebe meine Rezeptbücher«, erklärt der Kochkünstler unumwunden und blättert versonnen in einem Kochbuch aus dem Jahre 1733. Dabei gleitet die Hand liebevoll über die mit Tinte beschriebenen Seiten. »Schauen Sie, ein *cheesecake*-Rezept – ob es damals so anders war als heute?« Schnell überfliegt Mosimann das wunderschön geschriebene und mit Schnörkeln versehene Rezept. Der *cheesecake* hat sich in den letzten 260 Jahren nicht sehr verändert, stellt er zufrieden fest.
Die rund 6000 Exemplare der Bibliothek stehen in modernen, rot-schwarzen Regalen. »Früher alphabethisch, heute nach Speisen und Länderspezialitäten geordnet«, gibt das Kochtalent Auskunft. Zusammen mit ein paar roten Lederstühlen und einem Tisch wirkt die Büchersammlung wie eine kleine Oase der Ruhe und Besinnung, die für die Kreation köstlicher Menüs nötig ist. »Ich weiß genau, wo die Saucen, die Nachspeisen oder die Beilagen zu finden sind«, erklärt Mosimann.
Mit 28 Jahren war er der jüngste *maître chef des cuisines* Englands – im Nobelhotel Dorchester, dem er zwei Michelin-Sterne beschert hat. Das bedeutete den Beginn einer steilen Karriere. Mosimanns Party-Service organisiert Feste für die königliche Familie ebenso wie *events* internationaler Unternehmen. Der Koch mit dem strahlenden Gesichtsausdruck und den unzähligen Auszeichnungen moderierte einige Zeit lang zwei Fernsehshows und hat mittlerweile neun Kochbücher geschrieben. »Auch für diese Arbeit

Ein ordentlicher Mensch mit einer Vorliebe für Rot – der Meisterkoch Anton Mosimann hat für seine unzähligen Notizen und Erinnerungen im Eingangsbereich zu seiner Kochakademie eine Schachtelwand aus roten Pappkartons kreiert.

Diese Seite: Die umfangreiche Sammlung besteht aus seltenen und ausgefallenen Kochbüchern aus verschiedenen Epochen und Kontinenten.

brauche ich meine Bücher. Nicht daß ich Rezepte kopiere, nein, das funktioniert gar nicht! Ich lasse mich inspirieren, will erfahren, worauf die großen Franzosen im letzten Jahrhundert Wert gelegt haben, wie Präsidenten speisen, oder ich amüsiere mich auch einfach beim Lesen der Biographien meiner Berufskollegen.«

Neben bekannten alten Kochbüchern wie Mrs. Beeton's *All About Cookery Book* oder dem ebenfalls von dieser Dame verfaßten *Household Management* von 1861 stehen Jules Gouffés *Le Livre de Cuisine* oder *Die sich selbst belehrende Köchin* von Antonie Carême. Penibel nach Ländern sortiert, finden sich die *Nouvelles instructions pour les confitures, les liqueurs et les fruits* weiter oben im Regal als das *Wiener Kochbuch* von Louise Seleskowitz. Alle diese antiken Bücher stehen hinter blankgeputzten Glastüren, während die modernen Rezeptbücher und Rezeptzeitschriften »zum schnellen Gebrauch für alle Kochstudenten« gegenüber in offenen Fächern griffbereit aufbewahrt werden.

Anton Mosimanns Aufenthalt in Japan hat nicht nur die Wahl der Farben Rot und Schwarz für die Ausstattung der Kochakademie beeinflußt, sondern auch sein Faible fürs Minimalistische begründet. Ein Indiz für diese Vorliebe sind die ebenfalls knallroten Pappschachteln, die eine ganze Wand füllen und in denen lose Zettel, Rezepte, Reisenotizen und alles, was wert ist, aufgehoben zu werden, landen.

Quinta Patino, Alcoitão bei Estoril

Hier trafen sich in den 1960er Jahren die europäische Aristokratie und der internationale Jet-set. Die Quinta Patino galt damals als die exklusivste Adresse für rauschende Feste.

Die Quinta Patino, eingebettet in eine hügelige Landschaft oberhalb der portugiesischen Hafenstadt Estoril, ist ein eindrucksvoller, weithin bekannter Komplex mit einer legendären Vergangenheit. Gebaut wurde die Quinta – der portugiesische Begriff bedeutet »ländliches Anwesen, das aus verschiedenen Höfen besteht, die um ein historisches Gutshaus gruppiert sind« – von der Familie Patiño, die aus Bolivien nach Portugal ausgewandert war. Unermeßlich reich geworden durch den großflächigen Zinnabbau in Südamerika, hatte sich Antenor Patiño, der Sohn des Minengründers, nach dem Zweiten Weltkrieg in Europa niedergelassen und in Alcoitão bei Estoril Ende der 1950er Jahre ein großes, halbrundes Landstück mit Blick auf das Meer gefunden, das seinen Ansprüchen genügte. Aus der Nachbarregion Sintra wurde fruchtbare Erde herantransportiert, und man pflanzte Pinien, Oliven-, Orangen- und Zitronenbäume. Mit Hilfe des Architekten Leonardo Castro Freira errichtete Antenor Patiño auf dem höchsten Hügel seine Quinta, die zu einer perfekten Symbiose der portugiesischen Stilepochen des 17. und 18. Jahrhunderts wurde.

Bereits 1961 war dieses architektonische Meisterwerk vollendet. Die großzügigen Wohnräume wurden mit den kostbarsten Antiquitäten aus ganz Europa eingerichtet und mit Werken von El Greco, Goya und Rembrandt geschmückt; die Badezimmer wurden mit den traditionellen blauweißen Kacheln, den *azulejos*, ausgelegt, die alle aus dem 17. und 18. Jahrhundert stammen.

Ein Juwel war und ist die Bibliothek. Dieser imposante Raum mit seinen prächtigen dunkelgrün-goldenen Holzeinbauten wurde als Kopie der berühmtesten Universitätsbibliothek des Landes konzipiert: der Barockbibliothek von Coimbra, die König João V. in den Jahren 1716 bis 1732 errichten ließ. Die Miniatur-Coimbra ist das Werk des Designers Georges Geoffroy, eines Meisters auf dem Gebiet der historischen Nachbildung.

Der Blick vom gelben Salon durch die geöffnete hohe Holztür in die großzügige Bibliothek fällt auf die mit Goldlettern versehenen, verschiedenfarbigen

Lederrücken – ein Traum bibliophiler Schätze, zu denen die *History of Rome*, die *World History*, die *Royal Academy Pictures* und das *Art Journal* gehören. Doch beim Blick auf das zweite Regal wird man stutzig, denn die Titel wiederholen sich! Ein Griff »in« die Bücher genügt, und das Wort Bücherwand bekommt plötzlich eine ganz neue Bedeutung: Anstelle wertvoller, inhaltsschwerer Werke befinden sich nur Holzleisten an den Regalen: Auf sie sind jeweils die gleichen ledernen, goldgeprägten Buchrücken geklebt – Bücher am laufenden Meter, ganz ohne Innenleben, die Imitation einer Bibliothek, eine künstliche Bibliothek!

Die Bibliothek beeindruckt mehr durch ihr kostbares Äußeres als durch den Inhalt: Stilvoll arrangiert, bestehen die Bücher nur aus aufgeklebten Buchrücken.

Die Erklärung ist einfach: Nach dem Tode von Don Antenor Patiño verließ seine Witwe Beatriz das Anwesen und baute sich ein kleineres Haus in der Nachbarschaft. Damit fanden viele der kostbaren Möbel, Bilder und Bücher ein neues Zuhause.

Seit elf Jahren ist die Quinta Patino im Besitz der Groupo Espirito Santo, hinter der eine mächtige und einflußreiche portugiesische Unternehmer- und Bankiersfamilie steht. Die Quinta hat aber ihren Charme bewahren können: Sie wurde hervorragend restauriert und zu einem exklusiven Clubhaus umgebaut. Die wunderschöne Bibliothek besucht man nach dem Essen im eleganten Speisesaal, setzt sich an eines der rot lackierten Tischchen, bewundert die Kassettendecke, bestaunt die Buchrücken – und liest in aller Ruhe die Zeitung.

Die Barockbibliothek von Coimbra, erbaut zwischen 1716 und 1732, war das Vorbild für die Privatbibliothek in der Quinta Patino. Letztere besticht durch ihre wunderbar aufeinander abgestimmten Farbtöne und ihre perfekte Harmonie.

Jockey Club, Buenos Aires

Oben: Konservativ und exklusiv – der Jockey Club in Buenos Aires. Und wer sich mit der Zeitung in die heilige, nur von Männern bevölkerte Halle der Bibliothek setzt, weiß, daß er garantiert nicht gestört wird.
Rechts: In traditionell englischem Stil ist der Lesesaal eingerichtet.

Der Jockey Club in Argentiniens Hauptstadt Buenos Aires ist das Mekka der pferdenärrischen High Society, aber auch der Anhänger der Kultur der sogenannten Alten Welt. Das eine ist der sportlichen Seite des Clubs zu verdanken, das andere seinen gesellschaftlich-kulturellen Ambitionen und einer Bibliothek, die die Zeiten überdauert hat. 11 000 Kilometer vom europäischen Kontinent entfernt, lesen die exklusiven Mitglieder des illustren Clubs in einem imposanten Gebäude aus der Jahrhundertwende nicht nur argentinische Werke, sondern auch und gerade Stimmen aus und über Europa.

Der Club wurde Ende des 19. Jahrhunderts auf Initiative von Dr. Carlos Pellegrini, dem späteren Präsidenten Argentiniens, zur Förderung des Pferdesports gegründet. Das heute weltberühmte *Stud Book Argentino* wurde damals als erste exklusive Liste aller Besitzer von Vollblutpferden und deren Stammbäumen eingeführt.

1897 wurde in einem Prachtbau an der Florida, eine der Hauptstraßen von Buenos Aires, das erste Clubhaus eröffnet. Das Treppenhaus war von majestätischer Grandeur und mit überdimensionierten Kristalleuchtern versehen, der ovale elegante Speisesaal in exquisitem Empirestil eingerichtet und die Gobelins und Aubusson-Teppiche an den Wänden waren von erlesener Qualität. Die große Halle schmückten Werke von Goya, Reynolds, Corot, Monet und anderen europäischen Meistern. Die Bibliothek war von Anfang an ein Juwel aus Holz, ausgestattet mit prächtigem Mobiliar und unvergleichlichen Bücherschätzen. Über sie wacht bis heute ihr Begründer Carlos Pellegrini – der Künstler Coutan hat ihn, in Gips gegossen, verewigt.

Besucher der südamerikanischen Hauptstadt ließen es sich schon bald nicht entgehen, an diesem Ort vorbeizuschauen. Im Jahre 1908 wurde die inzwischen weltweit bekannte Pferderennbahn im Stadtteil Palermo gebaut, und zwanzig Jahre später wurden die großen Rennstrecken in San Isidro eröffnet. Der 15. April 1953 war der schwärzeste Tag in der Geschichte des Jockey Clubs. Das Clubhaus ging in Flammen auf, und mit ihm versank das

Hier wird gezeigt, wem im Jockey Club die Ehre gebührt. An der Wand rechts sind prominente Mitglieder aus der Geschichte des Clubs mit ihrem Konterfei verewigt.

Stilleben auf rundem Tisch – zum Lesen gehören in Argentinien eine Brille, ein Buch und ein cortado, ein kleiner starker Expresso.

gesamte Interieur in Schutt und Asche. Wie durch ein Wunder blieb die Bibliothek, »der« Ort des kulturellen Geschehens in der Stadt, verschont, die Flammen gelangten nicht bis zu den einmaligen Bücherbeständen über Geographie und Geschichte, Kultur und Wirtschaft, Philosophie und die Kunst Lateinamerikas hinauf. Erhalten blieben die vielen Reiseberichte aus der Zeit, als die Europäer den südamerikanischen Kontinent für sich entdeckten. Erhalten blieben auch unzählige alte Zeitungen, die nicht einmal in der Nationalbibliothek von Buenos Aires zu finden sind. Und die antiken und gewaltigen Globen, die die Bibliothek schmückten, blieben gleichfalls unversehrt.

In einer Atmosphäre wie vor hundert Jahren stehen heute 40 000 Bände in der alten Bibliothek zum Lesen und Studieren bereit. An diesem Ort trifft man sich, erörtert die Entwicklung des Landes und das Tagesgeschehen oder hört Vorträge über Literatur. Zu allen Zeiten gab es hier kulturelle Veranstaltungen. Inmitten der hohen Büchertürme und der beeindruckenden Bücherwände bezauberte einst Pirandello die Zuhörer mit Geschichten über sein Theater, hier sprach Dario Niccodemi über d'Annunzio, erläuterte der Dichter Paul Fort das Werk von Victor Hugo, der große Dirigent Ernest Ansermet kommentierte die Musik Rußlands, und der berühmteste Dichter Argentiniens, Jorge Luis Borges, sprach über sein schriftstellerisches Schaffen, über sein Leben und seine Träume.

Für die 8500 Mitglieder, die seit den 1960er Jahren in der Avenida Alvear ein neues herrliches Clubhaus besitzen und die Golf- und Tennisplätze, die Polofelder, Rennbahnen und Schwimmbäder benutzen können, repräsentiert die alte Bibliothek Tradition, Kultur und Geschichte.

Biblioteca Riccardiana, Florenz

Oben: Diese Buchseite zeigt ein Portal mit zwei Weltkugeln, die astrologische und die territoriale.

Rechts: Der prächtige Lesesaal der Biblioteca Riccardiana.

Der Eingang zur Straße ist unscheinbar, das Treppenhaus klein und düster, das Vorzimmer mehr als bescheiden. Dahinter jedoch empfängt den Besucher eine Pracht aus wunderschönen Farben und edlen Proportionen, die das Entree nicht vermuten läßt. Unendliche Ruhe und Harmonie umfängt den Betrachter in diesen Räumen. Die Biblioteca Riccardiana in Florenz ist eine der wenigen Sammlungen, die sich noch heute in dem Gebäude befinden, in dem sie ursprünglich eröffnet worden waren.

1659 erwarben die wohlhabenden und einflußreichen florentinischen Patrizier, die Marchesi Gabriello und Francesco Riccardi, den Palazzo der Familie Medici. Der Kauf dieses herrlichen Baus aus der Zeit der Frührenaissance war die Krönung der gesellschaftlichen Karriere der erfolgreichen Bankiersfamilie und Großgrundbesitzer. Während der folgenden zehn Jahre wurde der Palast von Grund auf erneuert, und über einem der beiden Höfe errichtete man einen neuen Flügel, der eine Galerie und die Bibliothek beherbergen sollte. Giovanni Battista Foggini zeichnete als Ideengeber für die Dekoration des großartigen ersten Stockwerkes verantwortlich, Luca Giordano schuf die Deckenfresken. Das Fresko in der Bibliothek stellt den Intellekt in Gestalt eines jungen Kriegers dar, der, befreit von den Fesseln der Ignoranz, seinen Blick nach oben richtet auf die Weisheit, die auf der Erdkugel thront.

Den Grundstock für die Biblioteca Riccardiana legte Francesco Riccardi. Er ließ die noch heute existierenden Bücherregale errichten, sammelte Manuskripte zeitgenössischer Poeten und vereinigte die rund fünfhundert Werke der eigenen Sammlung mit der großen Bibliothek, die seine Ehefrau Cassandra geerbt hatte. Sie war eine Tochter des Universalgelehrten Vincenzio Capponi. Capponi hatte auf zahlreichen Reisen durch Europa bis zu seinem Tode mehr als 5000 wissenschaftliche und philosophische Bände und 249 Schriften gesammelt – Dichtung, Geschichte, Geographie und Philosophie, ein breitgefächertes Konglomerat interessanter Werke. Später wurden die Bibliothek von Anton Maria Salvini mit rund 4000 Büchern und Manuskripten sowie die Sammlung des Humanisten Nicodemo Tranchedino und

DEL SVO PESO MORTAL PARTE

Oben: Die Biblioteca Riccardiana ist berühmt für ihre kostbaren Atlanten, hier der Atlas Novus.
Links: In diesem Saal arbeitet vor allem der Bibliothekar, zu dessen Aufgaben das Katalogisieren, Ordnen und Ausstellen der Raritäten gehört.

die Werke aus dem Besitz von Guiseppe und Benedetto Averani hinzugefügt. Gabriello Riccardi, ein Nachkomme Francescos, verfügte 1794, vor seinem Tode, daß die Biblioteca Riccardiana jeweils eine Stunde am Morgen und am Nachmittag für interessierte Studenten geöffnet sein solle. Dies bedeutete den ersten Schritt hin zu einer öffentlichen Institution, und mit dem ersten Bibliothekar war die florentinische Bibliothek geboren.

Gegen Ende des 18. Jahrhunderts zwangen finanzielle Probleme die Familie Riccardi, einen Teil ihrer Ländereien zu verkaufen. Auch die Bibliothek blieb nicht verschont. Sie wurde zur Versteigerung freigegeben, und aus diesem Anlaß mußte ihr gesamter Bestand inventarisiert werden. Noch heute gelten für die antiken Manuskripte die damaligen Numerierungen. Besondere Kostbarkeiten sind die italienischen und flämischen *Libri d'oro*, das für seine kleinen Schriftzeichen berühmte *Libro di Gabelle* sowie das *Trattato di matematica*, das Piero dei Lorenzo de Medici gehörte. Autographen von Pico della Mirandola, Leon Battista Alberti, Poliziano, Petrarca und Boccaccio sind ebenfalls zu erwähnen.

1813 erwarb die Stadt Florenz die Privatbibliothek der Riccardis. Bis zum heutigen Tag ist die Biblioteca Riccardiana in ihrem äußeren Erscheinungsbild das geblieben, was sie seit ihrer Entstehung vor 330 Jahren war: ein wunderbares Bücherparadies, das sowohl den Geist als auch das Empfinden für harmonische Schönheit anspricht.

Can Vivot, Palma de Mallorca

Diese Doppelseite: Zu Ehren des spanischen Königs Philipp V. hat der Marquese de Vivot zu Beginn des 18. Jahrhunderts in Palma de Mallorca diese großartige rote Bibliothek errichten lassen.

Die Farbe der mallorquinischen Familie Sureda, der angesehenen Marqueses de Vivot, ist Rot. Das gilt auch für den Can Vivot, ihren Familiensitz in Palma de Mallorca, und deshalb überwiegt Rot in der einmaligen Barockbibliothek dieses Hauses.

»Hier auf Mallorca nennt man ein Herrschaftshaus wie das unsere einen *can* und nicht einen *palau* – *palau* heißt im Katalanischen nur der Palast des Königs oder des Bischofs«, erklärt Don Pedro de Montaner Alonso, der erstgeborene Sohn des Besitzers dieses beeindruckenden Familienpalastes. Der promovierte Geograph und Historiker, Direktor des Stadtarchivs von Palma, beschäftigt sich eingehend mit der Vergangenheit der Insel und der Erhaltung des Familiensitzes, der heute in der zehnten Generation von seiner Familie bewohnt wird.

Die Geschichte des Can Vivot ist lang und sagenumwoben. »Um die Bibliothek zu verstehen, sie als Bestandteil des Ganzen zu sehen, muß man bis ins 14. Jahrhundert zurückgehen, als der älteste Teil des Gebäudes entstand«, beginnt Don Pedro zu erzählen. »An das Ursprungsgebäude wurde immer wieder angebaut. In der zweiten Hälfte des 17. Jahrhunderts kam die Familie Sureda ins Spiel, und mit ihr nahm die Erweiterung des Palastes ihren Anfang. Don Joan Sureda war Anfang des 18. Jahrhunderts einer der führenden Anhänger des Bourbonen Philipp V. im Spanischen Erbfolgekrieg – und gehörte damit zur Bourbonen-freundlichen Minderheit der Inselbewohner; die Mehrheit der Mallorquiner unterstützte Philipps Gegner, den Habsburger Karl III. In diesen bewegten Zeiten entging Sureda im letzten Moment der Vollstreckung eines Todesurteils – und zum Dank für seine Gefolgschaft verliehen ihm die Bourbonen den Titel eines *Marquese de Vivot*, aus dem sich der Palastname *Can Vivot* ableitet.

Während der Kriegsjahre ließ der Marquese seinen Palast im Barockstil umbauen. Die Arbeiten wurden um 1720 abgeschlossen. Don Joan Sureda hatte den Mailänder Künstler Giuseppe Dardaron beauftragt, prachtvolle Fresken zu malen: mythologische Darstellungen und Allegorien, die den

Rechts: Zahlreiche Werke befassen sich mit der Geschichte Spaniens und Mallorcas. Wie es sich für eine Familienbibliothek gehört, zieren aber auch Miniaturen, Statuetten und Memorabilien die edlen roten Regale.

Oben: Dieses Choral-Textbuch aus dem 16. Jahrhundert gehört zu dem reichen Bestand der eindrucksvoll gestalteten mallorquinischen Bibliothek.

Ruhm Philipps V. preisen sollten. Dem Regenten, seiner Familie und dem alten Spanien unter der Herrschaft der Bourbonen widmete der italienische Maler auch die Fresken in der großen roten Familienbibliothek. Als dem Protektor der Künste wurde Philipp V. hier ein Denkmal gesetzt.

Zu Beginn des 19. Jahrhunderts, als der vierte Marquese de Vivot die Modernisierung des Anwesens veranlaßte, wurde der berühmte spanische Architekt Isidro González-Velázquez auf die Insel gerufen. Der Can Vivot dehnte sich damals auf 5000 Quadratmeter aus. Auch die Bibliothek erlebte zu dieser Zeit eine besondere Sternstunde: Sie kam in den Besitz der Klosterbibliothek der Kapuzinermönche, die einst die bedeutendste Bibliothek in ganz Palma war.

Die Sammlung enthält Handschriften und Inkunabeln aus früher Zeit sowie Bücher aus dem 15. bis 19. Jahrhundert. Als herausragende Exponate nennt Don Pedro de Montaner Alonso folgende Werke: einen *Codex luliano* aus dem 14. Jahrhundert von Ramón Llull, des großen mallorquinischen Mystikers, Missionars und Schriftstellers; zwei Bände mit königlicher Korrespondenz aus dem 14. und 15. Jahrhundert; das handgeschriebene Tagebuch des Beichtvaters von Don Juan de Austria aus der Schlacht von Lepanto im 16. Jahrhundert sowie die Aufzeichnungen der Kirchenrituale von Mallorca aus dem 16. Jahrhundert in zwei Ausgaben. Zum Bestand der Bibliothek gehören überdies zahlreiche Schriften aus der Zeit der Aufklärung, galt doch der Can Vivot im 18. Jahrhundert – neben dem Palast von Campofranco – als eines der Zentren des *siglo de iluminación* in Mallorca.

CASTRO
BIBLIOTECA
RABINICA
ESPAÑOLA
.I.
ROCCHA
BIBLIOTH.
VATICANA

LITERATURE OF ANCIENT GREECE.
MÜLLER.

III
Wohnen mit Büchern

Bibliotheken als schöne Interieurs
Hans Soller, Schaffhausen
Matthias Brunner, Zürich
Pino Casagrande, Rom
Inge Rodenstock, München
Raffaella und Gigliola Curiel, Mailand
Paolo Bulgari, Rom

Chalets und Jagdhäuser
Prinz Egon von Fürstenberg, Wolfgangsee
Haus Promegg, St. Wolfgang
Alexandra Skrein von Bumbala, bei Salzburg
Familie Koerfer, Kitzbühel
Haus Viti Levu, Klosters
Baronin Marion Lambert, bei Gstaad

Wohndesigner und ihre Bibliotheken
Alidad, London
Alexis de la Falaise, Paris
Tim Gosling, London
Marie-Eleonore von Haeften, Mallorca
Gräfin Monika Apponyi, London
Christophe Gollut, London
Michael Wolfson, Zürich
Fiorenza Milesi, Mailand
Anthony Paine, London

Steven Parissien
ADAM STYLE
Alexandre Pradère
FRENCH FURNITURE MAKERS
The Art of the Ébéniste from Louis XIV to the Revolution
SOTHEBY'S
THE WORLD OF THE IMPRESSIONISTS
Bernt / Die Niederländischen Maler und Zeichner des 17. Jh.
INTERIEUR

Hans Soller, Antiquitätenhändler, Schaffhausen

Hans Soller hat sich der Welt der Kunstbücher und Kataloge verschrieben. »Nach 22 Uhr darf ich keinen meiner Kataloge mehr anschauen, weil ich sonst so aufgeregt bin, daß ich die ganze Nacht nicht schlafen kann«, gesteht der Antiquitätenhändler aus der Nordschweiz, dessen zweite Passion antike Möbelstücke aus ganz Europa sind. Der Mann mit der Vorliebe für das 18. Jahrhundert lebt in einem mittelalterlichen Patrizierhaus zwischen antiken Eichenmöbeln, schön patinierten Ledersesseln, venezianischen Nubiern und jeder Menge Bücher. »Vor dreißig Jahren habe ich beim Kauf des gesamten Inventars eines irischen Landsitzes Hunderte von Lederbänden aus dem 18. und 19. Jahrhundert erworben«, erzählt der vielgereiste Händler. »Da ich alte englische Büchergestelle verkaufe, dekoriere ich sie immer mit diesen herrlichen Büchern – die *bookcases* lassen sich so viel besser verkaufen. Lesen tue ich diese alten Schinken nicht!« Hans Soller sagt das mit einem Anflug von Ironie. Statt in Biographien anderer Menschen zu stöbern, will der Junggeselle nach eigener Aussage »lieber selbst etwas erleben, das ist viel spannender.«

Ganz anders geht er mit der Fachliteratur zur europäischen Möbelgeschichte und zu historischen Persönlichkeiten, vor allem aber mit den mehr als 1000 Katalogen um: »Die studiere ich immer wieder, und aus vielen Katalogen habe ich Artikel und Bilder herausgeschnitten, um aus ihnen wiederum ledergebundene Bücher machen zu lassen.« Eine Bibliothek hat Hans Soller in seinem Haus mit den einmaligen Fresken aus dem 18. Jahrhundert nicht – seine Bücher finden sich überall. Sein Prinzip lautet: »In einer guten Unordnung findet man alles am allerbesten.« Da er »nicht allzusehr an irdischen Dingen festhält«, beglückt er gern andere mit Büchern – nicht nur aus seinem eigenen Bestand. Die Essays von Michel Eyquem de Montaigne, die er selbst mit Inbrunst gelesen hat, wurden von ihm mittlerweile über zwanzigmal verschenkt. Sogar seine Kunstbücher gibt Hans Soller mit Freuden an Interessierte weiter: »Bücher sollen nicht verstauben, sondern im stetigen Umlauf sein und immer wieder einem neuen Leser Freude machen.«

Diese Doppelseite: Lesen bedeutet für den anglophilen Schweizer Antiquitätenhändler (oben) das intensive Schmökern in unzähligen kunstgeschichtlichen Werken und in Katalogen, die er im ganzen Haus verteilt hat, wie hier auf einer geschnitzten italienischen Konsole (links).
Folgende Doppelseite: Herrliche alte Fresken zieren das Arbeitszimmer.

Matthias Brunner, Cineast, Zürich

Vier *Ws* hat der Zürcher Matthias Brunner seine Bibliothek gewidmet: John Waters, Andy Warhol, Edmund White und Wolf Wondratschek. Mit allen verband oder verbindet ihn auch heute noch eine tiefe Freundschaft. Matthias Brunner ist nicht nur Filmspezialist und Kinomacher – er wählt die Filme für acht Zürcher *Arthouse*-Kinos aus –, sondern auch ein äußerst treuer Leser. »Von diesen vier *Ws* und meinen anderen Lieblingsautoren David Leavitt und Douglas Sirk sowie Michael Cunningham und Martin Frank besitze ich nicht nur sämtliche von ihnen beziehungsweise über sie publizierten Werke – allein zu Warhol sind es mehr als fünfzig –, sondern auch Hunderte von Briefen, Postkarten und Artikel«, erzählt der Schweizer stolz.

This – so nennen ihn seine Freunde – wohnt über der Stadt mit einem wunderbaren Blick auf den Zürichsee. Seine elegante Wohnung in einer Jugendstilvilla hat Brunner mit erlesenen Designermöbeln der 1930er bis 1950er Jahre sowie mit zeitgenössischer Kunst und diversen Bücherecken eingerichtet. Bemerkenswert ist der Eßplatz mitten in der Bibliothek, wo er regelmäßig eine buntgemischte Gästeschar aus Kunst, Kultur und Wirtschaft um den stets originell gedeckten Tisch bittet, um in passender Umgebung über Literatur, Film und Fotografie zu diskutieren. Fotobände zu seinen Freunden Jeannette Montgomery-Barron, Greg Gorman, Wolfgang Tillmann, Robert Mapplethorpe, Nan Goldin, Bob Wilson, Daniel Schmid und dem deutschen Trio Werner Fassbinder, Werner Schroeter und Rosa von Praunheim stehen gleich neben seinen Lieblingsschriftstellern.

»Im Zentrum meiner Interessen steht die Fotografie direkt neben dem Film«, erklärt der vielseitige Unternehmer, der auch Mitglied der Leitung des Filmfestivals von Locarno und Präsident der Douglas Sirk Foundation ist. Von diesem Meister der Hollywood-Melodrame der fünfziger Jahre besitzt *This* zwanzig Archivschachteln bis an den Rand gefüllt mit noch nicht publizierten Theaterstücken und Filmscripts, die später einmal an die *Cinémathèque Suisse* in Lausanne gehen sollen.

Matthias Brunner hat seine Wohnung in einem Zürcher Jahrhundertwendehaus seinen verschiedenen Passionen gewidmet. Im Zentrum stehen stets das Wort und das Bild. In dem hellen Salon dominieren Designermöbel, Kunstobjekte und Bildbände auf einem quadratischen, pergamentbeschichteten Tisch.

DAMIEN HIRST
Campbell's
ALLURE
DAVID O. SELZNICK'S HOLLYWOOD
My Face for the World to See
BIRTH OF THE COOL
Andy Warhol
A PERSONAL JOURNEY WITH MARTIN SCORSESE THROUGH AMERICAN MOVIES

Rechts: Hinter der Zebra-Liege hat der Filmspezialist seine Kunst- und Musikecke eingerichtet. Beleuchtet wird das Lesesofa von einer kleinen Cuny-Lampe und einer siebenarmigen Stehlampe von Jean Royère.

Seine Wohnung hat Matthias Brunner mit der Zeit zu einer Art Kunstcollage gemacht – Bestandteile sind ausgesuchte Möbel von Jean-Michel Franck bis Jean Royère, Bilder und Objekte von Andy Warhol, Donald Baechler, Philip Taaffe, Eric Fischl, Barry Flanagan, Barbara Kruger, Ross Bleckner und Francesco Clemente, eine Vielzahl außergewöhnlicher Schwarzweißporträts und Unmengen ausgefallener Schriften. Der Zürcher hat sämtliche Ausgaben der amerikanischen Kultzeitschrift *Interview* sowie alle *Cahiers du Cinéma* und sämtliche Exemplare der in Deutschland erscheinenden *Filmkritik* zusammengetragen. »Alles gesuchte Sammlungen, auf die ich stolz bin«, erklärt der smarte Mann.
Schon im Gymnasium schwänzte der Filmfan den Unterricht, um ins Kino zu gehen. »Nach *Ben Hur* war ich so hingerissen, daß ich das berühmte Wagenrennen mit dem Fahrrad nachstellte und prompt einen Unfall baute.« Heute ist Matthias Brunner, der Stars von Liz Taylor bis Bianca Jagger zu

Links: Daniel Buren hat das Streifenbild gemalt, das die Bibliothek des Sammlers schmückt. Wenn hier ein langer gedeckter Tisch steht, wird die Arte-Luce-Lampe aus den 1950er Jahren umgedreht.

seinem Freundeskreis zählt, aus der Kinoszene und der Gesellschaftswelt nicht mehr wegzudenken. Wer bei *This* geladen ist, bekommt immer einen guten Buchtip mit nach Hause. Und wer bei ihm übernachtet, kann dies in einem großen Gästezimmer, das einem der *Ws*, dem amerikanischen Schriftsteller John Waters, gewidmet ist, tun. Dort steht dessen Gesamtwerk zur Bettlektüre bereit. »Zudem sind Fotos und Kunstwerke, die ich im Laufe der Jahre von ihm bekommen habe, im ganzen Zimmer aufgehängt und aufgestellt«, erzählt der engagierte Cineast, »einschließlich eines Gummiballs, den John aus Hunderten von kleinen Gummibändern selbst gefertigt hat. Diese Gummibänder haben einst billige *trash-tabloids* oder Kunstmagazine wie den *National Inquirer, Art Forum, Out, Interview* und andere zusammengehalten, die er tagtäglich verschlingt.«

Pino Casagrande, Galerist, Rom

Würde ich in meinem Garten buddeln, käme ganz sicher ein antiker Kopf zum Vorschein.« Der römische Galerist und Kunstsammler Pino Casagrande lebt am Aventin in Rom. Seine weißgetünchte Villa steht zwar auf historischem Boden in der Nähe der Caracalla-Thermen, sie ist aber modernisiert und überwiegend zeitgenössischer Kunst gewidmet. Obwohl Casagrande Antike und Moderne auf eine ganz eigene Art kombiniert, stände er historischen Ausgrabungen wohl eher ratlos gegenüber: »Ich bin halt nicht wie die meisten Römer ein passionierter Antiquitätensammler, der in einem alten Haus und in einem traditionellen Mikrokosmos lebt.«

Pino Casagrande hat sich seit dreißig Jahren der modernen Kunst verschrieben. In den 1960er Jahren begann er, Ars povera zu kaufen, und heute identifiziert er sich am liebsten mit zeitgenössischen Minimalisten und der jungen Avantgarde. Ihre Werke hat er in seinem großzügigen lichtdurchfluteten Domizil meisterhaft plaziert. Über einem römischen Sarkopharg aus dem zweiten Jahrhundert v. Chr. hängt ein minimalistisches Werk des Amerikaners Sol LeWitt. Im Eingang richtet sich Joseph Beuys' Kamera auf ein gegenüber angebrachtes Foto von 1962, das die vierköpfige Familie Beuys beim Angucken der Fernsehserie *Raumschiff Enterprise* zeigt. In einem Raum hat der Künstler Robert Barry türkisfarbene Wände beschriftet.

»Das Video stellt heute eine zeitgemäße Form der Präsentation dar«, erläutert der Galerist, der neben einer Unmenge von Kunstbüchern und immer wieder gelesenen philosophischen Schriften auch sechshundert Kunstvideos besitzt. Pino Casagrande liebt es, Freunden in seiner audiovisuellen Bibliothek auf einer übergroßen Leinwand neue Künstler per Video zu präsentieren. »Ein Video kann zwar in manchen Fällen einen ganzen Kunstkatalog ersetzen oder zumindest ergänzen, das ist richtig«, erklärt der römische Kunstspezialist, »doch geschichtliche Hintergründe, philosophische Gedanken, literarische Schöpfungen – was wäre dies alles ohne das Buch? Nur das Buch spiegelt unsere Seele wider.«

Diese Doppelseite: Der römische Galerist Pino Casagrande liebt moderne Kunst und Videos jeglicher Art. Er hat neben dem Entree in seiner schneeweißen Villa ein Studio einrichten lassen, in das er seine Freunde zu privaten Kinovorstellungen einlädt. Casagrandes bevorzugte Farben Grau, Schwarz und Weiß dominieren das gesamte Interieur.

Inge Rodenstock, Kunstsammlerin, München

Diese Doppelseite: Asiatisch inspiriert ist die Bibliothek der Münchner Kunstsammlerin Inge Rodenstock (rechts). Sie wird bewacht von burmesischen Tempeldrachen und einer Skulptur von Jean Tinguely. Zwischen den chronologisch sortierten Kunstbüchern stehen Keramikvasen von Picasso, ein Khmerkopf und viele Fotografien (oben).

»Auf der Kunstakademie in Düsseldorf habe ich gelernt, was Kunst ›nicht‹ ist – das hat mir sehr viel geholfen.« Inge Rodenstock, die große Münchner Kunstsammlerin, sitzt in ihrem hellen Wohnzimmer umgeben von »ihren« Bildern und Objekten. Man traut der zierlichen Frau nicht zu, daß sie energisch werden kann. Doch wenn es um Kunst geht, kann sie das. »Ich habe das Metier der Malerei auf der Akademie langsam und in kleinen Schritten erlernen müssen«, erklärt sie, »das hat den Blick geschärft.« Bereits als zwanzigjährige Studentin ist die ehemalige Kokoschka-Schülerin mit Künstlern wie Joseph Beuys und Gerhard Richter zusammengekommen und hat sich eingehend mit deren Werken befassen können. Inge Rodenstock verspürte schon sehr früh den Wunsch, Arbeiten großer Künstler zu erwerben. »Doch Geld hatte ich dafür keines«, erinnert sich die Sammlerin. »Mein Vater stoppte das Taschengeld. Schon das Kunststudium hielt er als Unternehmer für absolut überflüssig. So mußte ich jobben – ich schrieb Feuilletons für *Die Zeit* und spielte kleine Filmrollen –, um die Bilder bezahlen zu können.«

Als die gebürtige Schwäbin 1968 erstmals nach New York kam, ergab sich einmal mehr der richtige Kontakt: Kein Geringerer als der bekannte Kölner Sammler Peter Ludwig nahm die begeisterte Kunststudentin mit in die Studios der zeitgenössischen Künstler Jasper Johns, Roy Liechtenstein, Robert Rauschenberg, Donald Judd und Cy Twombly. »Da habe ich wiederum sehr viel gelernt.«

Das weitläufige Münchner Anwesen wirkt wie der Ausstellungsort vieler Werke der Künstler, die Inge Rodenstock seit den 1960er Jahren kennengelernt hat. Unübersehbar steht der überlebensgroße *Jeff* auf einem Podest, ein in Oberammergau geschnitzter und bemalter Hund des amerikanischen Künstlers Jeff Koons. An der Wand hängt das Werk von Lucio Fontana, das Inge Rodenstock im Alter von zweiundzwanzig Jahren als erstes Bild erworben hat. Weitere Werke von Josef Beuys, Sigmar Polke, Anselm Kiefer, Tony Cragg, Hanne Darboven, Roberto Longo, Robert Ryman, Brice Marden,

TOSKANA
Persien
SPAZIALISMO
MARC CHAGALL
DIE GÄRTEN JAPANS
IKEBANA

Ad Reinhard, Agnes Martin, Cy Twombly und von vielen anderen gehören heute ganz unverzichtbar zur Einrichtung im Hause Rodenstock.
Ganz besonders stolz ist die charmante Sammlerin, die unter dem Pseudonym Inge Haux selbst sieben Bücher illustriert hat, auf das imposante Bild von Yves Klein, das ihre chinarot lackierte Bibliothek schmückt. »Das typische Blau von Klein kommt in diesem farbigen Bücherraum so richtig schön zur Geltung.«

Links: Vor der koreanischen Strohtapete wirken die roten China-Lack-Regale besonders kunstvoll. Das zentrale Werk in der Bibliothek stammt von Yves Klein, den Inge Rodenstock 1960 an der Côte d´Azur kennenlernte. Unter dem blauen Bild liegt ein chinesischer Fisch, daneben steht das Werk Le massacre des innocents des französischen Künstlers Arman.

Oben: Die Bibliothek im ersten Stock ist den geerbten Büchern aus dem Familienbesitz gewidmet. Eingerahmt werden diese Bände von zwei Figuren aus dem 19. Jahrhundert. Die sechs Arbeiten an der rechten Wand stammen von Walter Pichler, die »Aktionsbahre« (links im Bild) ist von Hermann Nitsch.

Ihre Bibliothek hat Inge Rodenstock hauptsächlich Kunstbüchern und Kunstkatalogen gewidmet, aber auch der Kunst selbst. Hinter zwei burmesischen Tempeldrachen hat sie die Arbeit *Le massacre des innocents* des französischen Künstlers Arman plaziert. Vor dem großen Fenster steht eine Eisenskulptur des Schweizers Jean Tinguely, und vor der koreanischen Strohtapete neben einer Durchgangstür hängen Bilder von Antoni Tàpies, Dieter Roth und Georg Herold.

Auf den roten Lackregalen sind die Bücher chronologisch und nach Themen geordnet, und zwischen den Reihen stehen Keramikvasen von Picasso. Auch die unzähligen Fotos, auf denen Inge Rodenstock mit ihren vielen Künstler- und Galeristenfreunden abgelichtet ist, gehören mitten hinein in ihre Welt der Kunst. Aufnahmen, die ihren verstorbenen Mann, den Unternehmer Rolf Rodenstock, zeigen, sind ebenfalls darunter. »Als wir uns kennenlernten, begeisterte er sich eher für surrealistische Kunst und hatte zuerst Mühe, sich in diese neue Art von Kunst, die mir gefiel, einzudenken. In kurzer Zeit aber lernte er, mit der Moderne umzugehen – und sie sogar zu mögen, was mir sehr wichtig war!«

MILANO IN MANO
TEMPO LIBERO DA MILANO
CAPOGROSSI
MICHELANGELO
LEONARDO
SONIA DELAUNAY
DELAUNAY
EL GRECO
VELAZQUEZ
ZURBARAN

Raffaella und Gigliola Curiel, Modeschöpferinnen, Mailand

Die kleine dunkle Bibliothek zwischen Salon und Speisezimmer ist Raffaella Curiels Lieblingsraum in ihrer Mailänder Wohnung. »Hier erhole ich mich nach einem hektischen Arbeitstag, hier komme ich zur Besinnung, hier bin ich ich selbst.« Die attraktive Italienerin ist Modeschöpferin und betreibt zusammen mit ihrer Tochter Gigliola, die eine eigene Kollektion entwirft, ein Couture- und Prêt-à-porter-Haus, das seit drei Generationen weltweit exklusive Mode vertreibt. Mode ist der Lebensinhalt, Bücher ermöglichen den beiden Anregung und Entspannung. »Aus ihnen hole ich Inspirationen, sie sind mein Gedächtnis, sie sind mein Leben und auch meine Familie«, sagt die gebürtige Triesterin, die am liebsten über Kunst und Religion liest und »gern in Gedichte eintaucht«.

Bis die Bibliothek zu diesem Raum der Besinnung wurde, verging einige Zeit. Raffaella Curiel hat mitten in Mailand das oberste Stockwerk einer verfallenen Mietskaserne zum Wohnsitz auserkoren und völlig umgebaut. Sie hat alte Holzböden einlegen und eine antik bemalte Holzdecke aus der Toskana in ihren Salon einziehen lassen. Alle Zimmer sind mit kostbaren Antiquitäten bestückt und die Bibliothekswände mit hundert Jahre alten Paisley-Schals bespannt, die sie von ihrer Mutter geerbt hat. Über einem dick gepolsterten und bunt bemalten Bett aus der Zeit Napoleons III. hängen alte Porträts in reichverzierten Rahmen. »Gemütlich«, sagt die elegante Dame mit einem verträumten Blick, »sehr gemütlich.«

In ihrer Bücherhöhle liest die Couturière nicht nur, sondern hört auch oft gemeinsam mit ihrer Tochter Musik. Beide Frauen lieben es, umgeben von Büchern und den wunderschön geformten roten Keramikgefäßen von Gio Ponti aus den 1930er Jahren zu sitzen, den Tag zu besprechen oder »sich einfach gehen zu lassen«. Gigliola ist ein Bücherwurm. »Ich lese keine Bücher, ich esse sie – mit Haut und Haaren«, sagt sie von sich selbst. Ihr haben es vor allem die südamerikanischen Autoren und Thomas Mann angetan, »den ich aber leider nicht auf deutsch lesen kann.«

Diese feminine Bücherwelt strahlt eine behagliche, herzliche Wärme aus.

Diese Doppelseite: Die Bibliothek in ihrer Mailänder Wohnung, die den Salon vom Speisezimmer trennt, hat die Modeschöpferin Raffaella Curiel mit patinierten Holzeinbauten auskleiden lassen. Seit ihrer Jugend sammelt die Italienerin leuchtendrote Keramikgefäße von Gio Ponti, die aus den Produktionen von Richard Ginori aus den Jahren 1930 bis 1948 stammen.

CARUSO

Diese Doppelseite: Zwei Frauen, zwei große Passionen: Raffaella (links) und Gigliola (oben) haben sich der Mode und der Welt der Bücher verschrieben.
Das Buch auf dem Tisch (rechts) war das letzte, das der verstorbene Mann Raffaellas vor seinem Tode gelesen hat.

Obwohl sich Paolo Bulgari als »Nicht«-Sammler bekennt, umgibt er sich gerne mit erlesenen asiatischen Objekten: hier ein goldener Paravent, burmesische Stühle und ein lächelnder Buddha, der die Büchersammlung bewacht.

Paolo Bulgari, Juwelier, Rom

Ich bin ein Optimist, mich interessiert das Morgen. Ich bin immer auf der Suche nach Neuem.« Paolo Bulgari sagt das von sich selbst mit Nachdruck. Der Unternehmer führt in der dritten Generation das gleichnamige Schmuckimperium mit Sitz in Rom. Ins Rampenlicht tritt der hochgewachsene, elegante Mann nur ungern. Ihm macht es viel mehr Spaß, ganz ungestört seiner Lieblingsbeschäftigung nachzugehen – dem Entwickeln neuer Schmuckstücke. Um am Markt präsent zu bleiben, muß man alljährlich mit neuen Kreationen aufwarten. Paolo Bulgari ist immer dabei, wenn es um neue Entwürfe geht – »als einfaches Teammitglied, das ist das Schönste für mich«. Meist vergehen vier Jahre, bis eines der neuen Stücke in den Bulgari-Juweliergeschäften verkauft werden kann.

Das Team junger Mitarbeiter um den kollegialen Chef ist stets neuen Trends auf der Spur und versucht selbst, diese Modeströmungen umzusetzen. Dabei ist ein Gespür für modernes Design, moderne Architektur und ungewöhnliche Formen hilfreich – manchmal aber auch ein gutes Nachschlagewerk. So ist die Bibliothek im Hause Bulgari weniger mit Belletristik als mit Bänden über handwerkliche Kunst und Architektur ausgestattet. Ein großer Leser ist Paolo ohnehin nicht – aber ein Ästhet mit einer Vorliebe für schlichte Formen. Die liebt er besonders in der japanischen Architektur und der amerikanischen Pop-art. »Die Menschen können ohne Ästhetik nicht leben. Aber man darf nicht vergessen, daß zuerst immer der Mensch zählt«, ist seine Überzeugung. Zu Rom, zur Kunst und zu Büchern hat er eine ganz individuelle Einstellung: »Rom ist deshalb eine so schöne Stadt, weil man bei ihrem Bau zuerst an den Menschen und erst dann an die Ästhetik gedacht hat. Und das gleiche gilt auch für die Kunst und für die Welt der Bücher.«

Der agile Geschäftsmann, der Rechtswissenschaften studiert hat, sieht sich als Handarbeiter. »Ich tue, was ich kann«, schließt er, »ich bin kein Politiker, auch kein Intellektueller. Ich bin ein Handwerker. Vielleicht sogar ein sehr guter.«

Der Mann liebt klare Formen: Der erfolgreiche italienische Unternehmer, Herr über ein mehr als einhundert Jahre altes, weltweit tätiges Schmuckimperium, läßt sich mit Vorliebe aus dem Fernen Osten inspirieren.

Chalets und Jagdhäuser

In einen weichen Ohrensessel gekuschelt, ein Buch in der Hand, auf das das Licht einer Leselampe fällt, ein knisterndes Feuer im Kamin – Abendstimmung weit ab von der hektischen Welt. Abtauchen in Lesewelten, sich mit der Heldin oder dem Helden eines Romans identifizieren, durch ferne Länder reisen oder vergangene Zeiten lebendig werden lassen. Von draußen prasselt der Regen an die Scheibe, vielleicht läßt auch ein heftiger Wind Schneeflocken tanzen, die für den nächsten Tag eine herrliche Winterlandschaft zaubern. Was kann es Schöneres geben? Die Bibliothek wird zum Ort des Träumens, des Phantasierens, des Vergessens. Ferienhäuser, die abgelegen und weit genug entfernt vom hektischen und lauten Alltag stehen, bieten ein Refugium der Ruhe und Erholung. Bücher steigern diese angenehme Wirkung. In Österreich und der Schweiz finden sich diese heimeligen Bücherwelten, von denen einige vorgestellt werden sollen.

Der Hubertushof, der Sommersitz der Fürstenbergs am Wolfgangsee, ist ein knapp 250 Jahre altes, gelbgestrichenes Haus mit urgemütlichen, holzgetäfelten Salons. In der Bibliothek treffen sich Jagdfreunde und Besucher der Salzburger Festspiele zu Gesprächen und einem Glas Wein.

Im oberösterreichischen Salzkammergut steht so manches kleine romantische Sommerhaus, aber auch größere Domizile laden zum Verweilen ein. Zum Beispiel der Hubertushof, die 250 Jahre alte Sommerresidenz derer von und zu Fürstenberg. Karl-Emil von Fürstenberg, der als österreichischer Botschafter am Zarenhof von Nikolaus II. akkreditiert war, hat ihn Ende des 19. Jahrhunderts erworben. Am Wolfgangsee, in der Nähe von Bad Ischl, wo Kaiser Franz Josef und seine Frau Elisabeth, die Sissi, residierten, wollte auch er die Sommer- und Jagdsaison verbringen. Sohn Tassilo von Fürstenberg, der Vater von Egon und Ira, machte den Hubertushof zum sommerlichen Treffpunkt für internationale Politik und High Society. Von Roosevelt bis Churchill, von John F. Kennedy bis Orson Welles, vom König von Spanien bis zu Herbert von Karajan trafen sich die Großen der Welt auf diesem bezaubernden Hof und bewunderten die unzähligen Jagdtrophäen, die noch immer die alten Mauern zieren. Es wurde nur wenig verändert auf diesem prachtvollen Anwesen, und wenn heute Prinz Egon von Fürstenberg, der international tätige Modeschöpfer, während der Salzburger Festspiele in den

Auf dem antiken Intarsientisch liegen alte Bücher. Die meisten Werke stammen noch aus der Zeit der Urgroßmutter Egon von Fürstenbergs, Lady Hamilton.

Früher Speisezimmer, heute Bibliothek und Wohnzimmer zugleich: Dieser Zirbelholzraum gehört zum über neunzig Jahre alten Familienhaus von Alexandra Skrein von Bumbala. Der Kachelofen und die große Sammlung an Modellschiffen, Modelleisenbahnen und Reiseandenken verleihen der Bibliothek eine etwas verspielte Atmosphäre.

Rechts: In Haus Promegg der Familie Maasdijk am Wolfgangsee ist jede Ecke der Jagd gewidmet, und so stehen auch in den Regalen im Treppenaufgang zahlreiche Bücher zu diesem umfangreichen Thema.

Hubertushof bittet, sitzen die Gäste wie in allen Zeiten zum Lesen und Spielen in der holzgetäfelten Bibliothek mit den geschnitzten Möbeln, dem Spieltisch und den antiken Büchern. Viele der Bücher stammen von Lady Hamilton, der Urgroßmutter von Egon und Ira. Ein goldgeprägtes Gästebuch, das seit 1889 die illustre Gästeschar des Hubertushofs am Wolfgangsee verzeichnet, liegt in einer Ecke des großen Salons für weitere Eintragungen bereit.

Das Haus Promegg der holländischen Familie van Maasdijk befindet sich ganz in der Nähe in St. Wolfgang und steht wie der Hubertushof Jagdgesellschaften und geselligen Familientreffen zur Verfügung. 1897 von Baron Vincent van Tuyll van Serooskerken, dem Urgroßvater des jetzigen Besitzers, erbaut, hat es seinen hundertjährigen Charme bewahrt. Robert van

Links: Reich geschnitzte Stühle schmücken diese gemütliche Bibliothek in der Nähe von Salzburg. Die Lifestyle-Autorin Alexandra Skrein von Bumbala hat in ihrem Haus für jedes alte Möbelstück den passenden Platz gefunden.

Deutsches Weidwerk

Eine Mischung aus Jagdtreiben, Bergwelt und englischem Clubleben kennzeichnet die Bibliothek in dem prachtvollen Berghaus der Familie Koerfer in Kitzbühel.
Der ganz mit Fichtenholz vertäfelte Raum dient als Familientreffpunkt.

Maasdijk hat die Tradition gekonnt mit modernem Komfort verbunden. Das wunderschöne Sommerhaus bietet Platz für 21 Gäste, und der kleine Jagdraum mit Bibliothek ist ein gern besuchter Ort. Ungestört kann man in den zahlreichen Jagdbüchern blättern; ein anderes Sammelthema ist die Politik. Man kann sich hier aber auch mit einem eigenen Buch in die Stille zurückziehen.

An einem See, nicht weit entfernt von Salzburg, liegt das Domizil von Alexandra Skrein von Bumbala. Das über neunzig Jahre alte Haus der Lifestyle-Autorin bietet ihr »Heimat, Inspiration und Arbeitsplatz« zugleich. Ganz bewußt lebt sie auf dem Land, »da ich die Natur und vor allem den Garten brauche wie das tägliche Brot«. Sie hat ihre gebeizte Zirbelholzbibliothek im ehemaligen Speisezimmer untergebracht. »Der Raum war bereits mit Holz verkleidet«, erzählt die junge Frau, »doch ohne Bücherregale.« Sie gestaltete das hohe Zimmer zu einer Bücherwelt um, die an kalten Winterabenden zum liebsten Zufluchtsort der Familie geworden ist. »Das dunkle Holz macht daraus nicht zwingend einen dunklen Raum. Ganz im Gegenteil – große Fenster mit Blick auf den spiegelglatten See lassen die Bibliothek strahlen und geben ihr Weite.«

Das prächtige Berghaus der Familie Koerfer im österreichischen Kitzbühel wurde in den späten 1950er Jahren von dem Architekten Ernst Demar entworfen. Die Bibliothek ist der Familienraum schlechthin. Die Bücher und Jagdtrophäen verleihen diesem mit Fichtenholz ausgelegten, urgemütlichen Raum Atmosphäre. Hier trifft man sich vor dem Abendessen zu einem Glas Wein, hier wird ferngesehen, gelesen und gespielt. Die Bücher stammen noch aus dem Wiener Elternhaus von Yvonne Koerfer. Es sind vor allem klassische französische Werke, von Jean Jacques Rousseau und Voltaire unter anderem, aber auch Kunst- und Geschichtsbücher.

»Holz isch heimelig«, sagen die Schweizer und bauen nicht nur Bergchalets aus einheimischen Hölzern, sondern statten auch Innenräume gern mit Holz aus. Das Haus Viti Levu im graubündnerischen Klosters ist ein Traum aus Holz. Zwei- bis dreihundertjährige Tannenholzbohlen aus den traditionellen Prättigauer Häusern hat der Bündner Schreiner Martin Zimmermann gesammelt und damit das entzückende Chalet ausgestattet. Kassettendecken, die denen der Patrizierhäuser im benachbarten Dorf Fideris nachempfunden sind, schmücken die Wohn- und Schlafräume. Die Holzdecke der Bibliothek erzählt eine ganze Geschichte. Der Bündner Schnitzer Marco Walli hat einen prächtigen Lebensbaum in das Holz gezaubert und Sprüche und Bauernweisheiten über die Bedeutung des Lesens und der Bücher in die Balken geschnitzt. Wann, wenn nicht in den Ferien, haben wir die Muße zu langem, ausgiebigen Lesen? In dieser behaglichen Atmosphäre, umgeben von Holz und vielen Büchern, läßt es sich vor dem prasselnden Kaminfeuer so richtig herrlich faulenzen und schmökern. Einzig störend ist höchstens die kalte Schnauze eines Labradors, der beim Seitenblättern gekrault werden möchte.

Starke Farben, leuchtende Muster und auserlesene Antiquitäten machen den besonderen Reiz dieser eleganten Bibliothek im Chalet Viti Levu aus. Doch das wichtigste Stilelement ist altes Holz, das dem Raum seine urige Atmosphäre verleiht. Die antiken Ledertruhen als Sofatischchen harmonieren wunderbar mit dem farbenprächtigen alten Teppich.

VND DIE ERINNERVNG AN DAS

Wann hat man die größte Muße, um sich lang und intensiv mit einem Buch zu beschäftigen? In den Ferien! Deshalb ist die Bibliothek in Viti Levu in den Schweizer Bergen so eingerichtet, daß man auf dem Sofa liegend (Seite 123) lesen und das Gelesene anschließend an einem alten Bündner Tisch sitzend (Seite 124) weiter verarbeiten kann.

Rechts: Alles hier ist der Kunst gewidmet: Kunstbücher »bevölkern« die Bibliothek, zeitgenössische Bilder und Schwarzweißfotografien die weißen Wände, Designermöbel aus den 1940er und 1950er Jahren die Holzböden.

Oben: Baronin Marion Lambert, Expertin für Fotografie und moderne Kunst, liebt es, sich in ihrem weißen Charles-Eames-Sessel zu entspannen und zu lesen. In diesem Berghaus steht ihre umfangreiche Sammlung von Büchern über Fotografie.

Die Bibliothek ihres eleganten, modern anmutenden Chalets in der Nähe von Gstaad hat Baronin Marion Lambert ihrer Leidenschaft, der zeitgenössischen Kunst – insbesondere der Fotografie –, gewidmet. Auf der Empore des gewaltigen Wohnraums stehen sie alphabetisch geordnet: Hunderte von Bänden, die sich alle mit dem Leben und Werk zeitgenössischer Künstler befassen. In den Bergen findet die Kunstbewanderte Zeit, ihre Bibliothek zu betreuen, sie zu ordnen und zu ergänzen. »Die Bücher jedoch, die meiner Seele gut tun, die weder mit Kunst noch mit meinem öffentlichen Leben zu tun haben, die stehen im Verborgenen, bei mir im Schlafzimmer«, erzählt Marion Lambert. »Lesen hat für mich etwas unendlich Privates, etwas ganz Persönliches, und meine Bücher sind meine Freunde, die ich nicht in einem großen Raum mit anderen teilen möchte.«

Wohndesigner und ihre Bibliotheken

Diese Doppelseite: Dunkel, elegant und geheimnisvoll mag der Londoner Designer Alidad seine Bücherwelt. Sie soll Wärme und Gemütlichkeit ausstrahlen.
In seinem study verbringt der Innenarchitekt gerne seine Abende mit Lesen, Musik hören und im Gespräch.

Ich finde und habe immer gefunden, daß sich ein Buch gerade vorzugsweise zu einem freundschaftlichen Geschenk eignet, man liest es oft, man kehrt oft dazu zurück, man naht sich ihm aber nur in ausgewählten Momenten, braucht es nicht wie eine Tasse, ein Glas, einen Hausrat in jedem gleichgültigen Augenblick des Lebens und erinnert sich so immer des Freundes im Augenblick eines würdigen Genusses.« So philosophierte der Universalgelehrte Wilhelm von Humboldt 1830 über den Wert des Buches als Geschenk in einem Brief an eine Freundin.

Das Buch als Geschenk und Sammelobjekt erfreut sich auch heute noch großer Beliebtheit. Mit steigender Zahl ergibt sich die Frage nach der Unterbringung und der Darstellung einer individuellen Bibliothek. Innenarchitekten, die sehr unterschiedliche Einrichtungsstile vertreten, stellen im folgenden ihre persönliche Bücherwelt vor und geben Ratschläge für den Auf- und Einbau einer Büchersammlung.

Extravagant liebt es der Londoner Interior-Designer Alidad: Seine Bibliothek zeigt sich ganz und gar golden. Er hat seinen *study*, so nennen die Engländer ihr kombiniertes »Studier-Lese-Fernseh-Familien-Cocktail-Ruhe-Zimmer«, in 25 orientalisch angehauchte Goldfarbschichten getaucht. »Es ist mein verzauberter 1001-Nacht-Raum«, erklärt der gebürtige Perser, »er ist intim, gemütlich und anregend zugleich – genauso wie ein Lese- und Relaxzimmer sein soll.« Die Ideen und Grundsätze, die Alidad für seinen persönlichen *study* angewandt hat, offeriert er auch seinen Kunden: »Zuerst einmal überzeuge ich sie, daß sie ganz dringend ein Bücherzimmer brauchen! Und sei es noch so klein oder gar nur ein winziges Vorzimmerchen zum Salon oder zum Schlafraum – der Mensch braucht einen Ort zum Träumen! In ihren Wohnzimmern sitzen die meisten ganz selten, obwohl es fast immer der größte und eleganteste Raum ist. Dabei braucht man Intimität und Behaglichkeit. Ich tauche daher eine Bibliothek immer in dunkle, warme und

Links: Orientalische Muster in Rot und Gold an den Wänden und an der Zimmerdecke, opulent gemusterte Stoffe auf Sesseln und Tischen – diese Bibliothek lädt ein zum Verweilen und Schmökern. Alidad selbst nennt sie »sein Nachtzimmer«.

Oben: Wie ein Gemälde aus einem alten Märchenbuch wirkt das Spiegelzimmer mit seinen Büsten, Büchern und prachtvollen Objekten. Diesen die Phantasie anregenden Raum, in dem sich das Kerzenlicht unendlich zu spiegeln scheint, richtete ebenfalls der Designer Alidad ein.

reiche Farbtöne – Rot, Grün oder Braun. Die Wände können einfach bemalt oder mit einem gestreiften Stoff bespannt, mit einer großflächig gemusterten Tapete versehen oder gar mit einer geprägten Ledertapete im Stile des holländischen 17. Jahrhunderts verschönert werden. Ich möchte die Atmosphäre eines Nestes schaffen, eines Ortes, der seinen Besitzer immer willkommen heißt, an dem er sich gehenlassen kann und der ihm Geborgenheit gibt – ganz so, wie sie die Bauchhöhle der Mutter einst bot. Neben dunklen Farben und Regalen – sie müssen ein ausziehbares Fach für die Präsentation von Büchern haben – ist ein weiches urgemütliches Sofa nötig. Mit hochgelegten Beinen soll man hier unter einer guten Leselampe am Feierabend seiner Leselust frönen können.«

Damit Bücher nicht immer wie Soldaten in Reih und Glied stehen und ganze Wände bedecken, hat der französische Designer Alexis de la Falaise einen Obelisken geschaffen, der seine Bücher trägt. Diese attraktive Büchersäule mit ihrer schlichten Linienführung ist aus hellem Holz, Esche oder Eiche gefertigt und in zwei Größen zu kaufen: 184 und 230 Zentimeter hoch. »Ich

Einen Obelisken für Bücher hat der französische Designer Alexis de la Falaise kreiert. Diese leichte, elegante Konstruktion macht es möglich, Bücher endlich einmal von allen Seiten bewundern zu können.

lebe auf dem Land, wo Holz in Hülle und Fülle zu haben ist, und ich liebe es, in meiner Werkstatt verschiedene praktische Gegenstände wie Tischchen oder Regale zu fabrizieren«, erzählt der kreative Mann, der als Innenarchitekt Boutiquen und *showrooms* für Pariser Modeschöpfer konzipiert und einrichtet. »Einen Bücherturm zu verwirklichen, der aussieht wie eine zeitlose Skulptur und gleichzeitig Platz für viele Bände schafft, war für mich eine herrliche Herausforderung.« Daß der Obelisk im übrigen auch für 365 Weinflaschen – eine für jeden Tag im Jahr – Raum bietet, ist ein praktischer Nebeneffekt.

Historische Bauten sind die bevorzugten Quellen der Inspiration für Tim Gosling. Er liebt es, ausgesuchte Gebäude zu skizzieren (rechts) und in ungewöhnliche Möbelstücke zu integrieren: Ein bezauberndes russisches Schloß aus dem 18. Jahrhundert stand Pate für diesen ganz besonderen Schreibtisch (unten).

Nicht jeder besitzt in seinem Heim ein separates Bücherzimmer. Meist beschränkt sich der Platz auf eine Bücherecke, eine Bücherwand oder ein einziges Bücherregal. Doch auch hier kann die Phantasie Wunder wirken. Tim Gosling, der englische Chefdesigner der Firma David Linley, nimmt architektonische Meisterbauten zum Vorbild, um exklusive Möbelstücke zu entwerfen. Ein Palast vor den Toren der russischen Stadt St. Petersburg, dessen architektonische Merkmale durch Holzintarsien hervorgehoben werden, stand Modell für einen exklusiven Schreibtisch. Ein mehrteiliges Bücherregal, das die eine Wand in Tim Goslings Salon ziert, wird durch elegante Mahagonisäulen und edle Messingeinlegearbeiten zu einem raumgreifenden, dreidimensionalen Objekt.

Die gesamte Wand des Salons bedeckt das von Tim Gosling entworfene Bücherkabinett. »Es sollte klassisch und doch modern sein, einfach und doch viel, viel mehr als nur ein Bücherregal«, beschreibt er sein auffallend gut proportioniertes Werk.

Tutankhamen
GREAT HISTORIC PLACES
CHAMPDOR·DIE ALTÄGYPTISCHE MALEREI
Fellini's Filme
PORTUGAL
MARK ROTHKO
Georg Baselitz
la Biennale
The Saatchi Collection
Lund Humphries
EMILE ZOLA
SOTHEBY'S
Hans Peter Reuter

Links: Im Arbeitszimmer der Interior-Designerin Marie-Eleonore von Haeften findet sich in jeder Ecke ein kunstvoll arrangiertes Stilleben.

Oben: In ihrem lichtdurchfluteten Haus auf Mallorca hat die Designerin ihre Bücher in einfachen »Wandhöhlen« untergebracht. Raffiniert wirkt der Durchblick vom Arbeits- ins Gästezimmer.

Ganz im hell leuchtenden Inselstil hat Marie-Eleonore von Haeften ihre Bibliothek in ihrer wunderschönen Finca auf Mallorca angelegt. Verschieden große Büchernischen – zwischen maurisch inspirierten Ein- und Durchblicken – spiegeln in dieser schneeweiß getünchten Bibliothek die Leichtigkeit und Frische des sommerlichen Lebens in der freien Natur wider.

Als Salon und Bibliothek dient dieser kleine, geschmackvoll dekorierte Raum neben dem Entree in Monika Apponyis entzückendem Londoner Stadthaus. Bücher sind nicht nur zum Lesen da, sondern auch als Schmuckelemente verwendbar.

Für Gräfin Monika Apponyi von MM Design in London stellte sich die Frage: »Wie kombiniere ich Bücher mit dem Fernsehgerät, der Hifi-Anlage und den großen Fotobänden und bringe trotzdem alles harmonisch in meinem kleinen Salon unter?« Geschickt und kreativ hat die österreichische Inneneinrichterin den Platz genutzt, der zu beiden Seiten entsteht, wenn man den Kamin in die Mitte einer Wand einbauen läßt. Die Regale haben eine solche Tiefe, daß sie zu einem Multifunktionsmöbel mit versteckter Musik- und Fernsehanlage wurden. Die blaugraue Farbe, die Monika Apponyi für den Holzeinbau gewählt hat, sollte fast Ton in Ton mit dem Graubeige der Salonwände sein, »damit keine auffälligen Farbklötze den Raum bestimmen, in ihm aber trotzdem Spannung entsteht. Aus den Bü-

cherwänden sollte kein langweiliges und uninteressantes Einbaumöbel werden.«

Der Schweizer Interior-Designer Christophe Gollut hat bereits im Alter von dreizehn Jahren das Gesamtwerk Goethes und Schillers verschlungen und ist zeit seines Lebens von Büchern umgeben gewesen. Seit vielen Jahren lebt er in London und hat sich auch dort einen Büchersalon eingerichtet. »Ein Bücherregal sollte immer weit entfernt vom Licht stehen«, erläutert der Fachmann seine Bibliotheksvorstellungen, »denn das beste Licht braucht der Platz, an den man seinen Schreibtisch oder seinen Lesesessel plaziert. Idealerweise müßte das Licht von links einfallen. Die gemütlichen Sessel, die zum Lesen einladen, sollen auf keinen Fall perfekt sein – ganz im Gegenteil, verblichene Stoffe und kleine Risse im alten Leder schaffen das richtige Ambiente. Bücherzimmer müssen eigentlich etwas düster und voller Farben sein und dieses wohlige Wintergefühl vermitteln, das ein brennender Kamin noch vervollständigt.«

Jedes Detail stimmt, wenn der Schweizer Christophe Gollut Räume einrichtet. So kombiniert er eine alte Büste mit einem Buch (oben), das gar keines ist, denn Bücher können auch Schachteln oder Schmuckschatullen sein ... Seine echten Bücher in alten englischen bookcases (unten) läßt der Innenarchitekt dagegen am liebsten in Kerzenlicht eintauchen.

Pero espérame,
guárdame tu dulzura
Yo te daré también
una rosa.

Die Befriedigung dreier Grundbedürfnisse erreicht der amerikanische Designer Michael Wolfson in einer kleinen Wohnung in Zürich in einem einzigen Raum: Essen, Geselligkeit und Ruhe. In dem ochsenblutroten Speisezimmer mit den silbernen Wandleisten und der schwarzgrünen Decke erfüllt eine raffiniert konzipierte Bücherwand die Ansprüche an eine Bibliothek. »Ich habe eine verschiebbare Bücherwand auf Rollen kreiert, die genug Platz für Bücher bietet, aber gleichzeitig auch eine Sammlung italienischer Keramik zur Geltung bringt.« Hier speist man nun unter einer multifunktionalen Lampe von Ingo Maurer, an die jeder Gast mittels eines Stückes Papier seine Bewertung des Diners befestigen kann. Man kann sich aber auch einfach mit einem Buch an den Tisch setzen und die Harmonie, die dieser rote Raum ausstrahlt, genießen.

Links: Wolfson hat diese kombinierte Eßzimmer-Bibliothek geschaffen, in der starke Farben, Seidenvorhänge, ein selbst entworfener Tisch, Regale auf Rollen und eine Lampe von Ingo Maurer das Ambiente bestimmen.

Diese Seite: Ob einzelne Möbelstücke oder ganze Interieurs – Wolfson (oben) mag ausgefallene Materialien und Formen (rechts). Das Kubustischchen ist aus Stahl und wurde mit Blattgold überzogen. Gegenüber der Serge-Mouille-Lampe hängt das »Bein-Bild« von Köbi Sieber.

Diese Doppelseite: In Fiorenza Milesis Wohnung unterteilt die reich dekorierte Bücherwand den Salon und die eigentliche Bibliothek, in der der antike Lack-Schreibtisch (links) dominiert. Den Salon schmücken vergoldete Louis-XVI-Sessel und eine Dormeuse aus der Zeit Napoleons III. (oben).

Im Herzen von Mailand hat sich die italienische Innendekorateurin Fiorenza Milesi im dritten Stockwerk eines prachtvollen Palazzos einen Traum in Rot, Beige und Gold geschaffen. Sie hat sich von der Epoche Napoleons III. inspirieren lassen. Die Chefin des Einrichtungshauses Dimorae versteht es, verschiedene Materialien, Farben und Möbel so zu kombinieren, daß »ein abgerundetes Ganzes« entsteht. Bewußt hat sie die Büchersammlung in den kleinen Salon integriert. »Es ist äußerst wichtig, daß sich Bücher in guter Gesellschaft befinden«, erklärt die Mailänderin, »eine Bücherwand sollte daher mit kleinen Bildern, Familienstücken oder anderen Objekten aufgelockert werden. Wer seine Bilder an stets beleuchtete Regale hängt, kann sicher sein, daß seine Bibliothek zum Zentrum des Raumes wird.«

Rechts: Die Rotunda sollte eine »grandiose, aber auch gemütliche Bibliothek« sein. Auffallend schön ist der Fries von Adam Calkin. Mythologische Figuren und Symbole der Weisheit schmücken dieses Zierband, das die Bücherschränke von der hellblauen Holzkuppel trennt.

Diese Seite: Anthony Paines Rotunda ist eine perfekte Synthese aus überschäumender Phantasie und Detailgenauigkeit. Das rechteckige Vorzimmer (oben) wirkt durch die beiden Spiegel neben dem mit Sternen eingelegten Marmorkamin doppelt so groß.

Sie steht nicht mehr, kann aber jederzeit nachgebaut werden – die grandiose *Rotunda*, die Bibliothek des Engländers Anthony Paine. Diesen runden klassizistischen Bücherraum mit der hellblauen Kuppeldecke entwarf der Innenarchitekt 1990 für die *British Interior Design Exhibition* – und gewann damit den ersten Preis. Welch phantasievolle Ode an die Welt der Bücher! Anthony Paine hatte sich eine »prachtvolle und zugleich gemütliche Bibliothek – nicht theatralisch und auch nicht kitschig« vorgestellt. Dieser Balanceakt ist ihm mit seinem Entwurf gelungen. Als inspirierend erwies sich seine große Vorliebe für klassizistische Architektur. Eines der auffälligsten Elemente der *Rotunda*, der schmale Bilderfries unter der achteckigen Holzkuppel, die der Designer im »Blau eines englischen Himmels« hat ausmalen lassen, stellt in einem Bilderreigen Apollo, die neun Musen und weitere mythologische Figuren dar.

VERFEMT UND VERFOLGT
Andere Tage kommen
Wunder und Geheimnisse
IN HARMONIE MIT DEM UNENDLICHEN
Geh aus, mein Herz, und suche Freud
IM FERNEN LAND
DER LAUSCHENDE SPIEGEL
IN BLAUE FERNEN
Schönheit und Elend des Lebens
NACHT IN BOMBAY
AUF MESSERS SCHNEIDE
DAS ANDERE ICH
schön
jugend

IV Buch & Kunst

Bibliotheken als Kunstobjekte

Don Giovanni Guiso, Siena

Stefan Riedl, Wien

Sylvie Fleury und John M Armleder, Genf

Gonzalo Gorostiaga, Buenos Aires

Buch als Kunst

Arnulf Rainer, Wien

André Heller, Wien

Marisa Albanese, Neapel

Emilio Isgrò, Mailand

Peter Wüthrich, Bern

Don Giovanni Guiso, Teatrini-Sammler, Siena

Diese Doppelseite: Wenn Don Giovanni Guiso (oben) zu einem Opernabend (rechts: Madame Butterfly) einlädt, ist der Erfolg vorprogrammiert, denn der gebürtige Sarde läßt seine vom Band singenden Porzellanprotagonisten in wunderschön dekorierten Miniaturtheatern auftreten.

Die Welt ist ein Theater. Nicht erst seit Shakespeares *Wie es Euch gefällt* ist das eine Binsenweisheit. Daß das Theater das Leben widerspiegelt, demonstriert Don Giovanni Guiso aus Siena auf kleinster Bühne. Er ist Herr und Meister über sechzig Miniaturtheater und ebenso viele Protagonisten. Seine *teatrini* haben Kleinstformat, einige sind sogar zusammenklappbar. Die bis zu dreihundert Jahre alten, aus Holz oder Karton gefertigten Bühnen sind mit gemalten Vorhängen geschmückt. Die Schauspieler sind ebenfalls aus Holz oder sogar aus Porzellan geschaffen und haben Glasaugen. Zur Aufführung von Puccinis Oper *Madame Butterfly* steht auf dem winzigen Tisch ein filigranes silbernes Teeservice, und auch der geschnitzte japanische Paravent ist ein Minimodell. Wenn dann zum wunderbaren Gesang der Mirella Freni ein kleines weißes Boot langsam über das himmelblau gemalte Meer in den Hafen einläuft, kennt der Publikumsapplaus in Guisos traumhaftem Landhaus außerhalb von Siena keine Grenzen mehr.

»Meine Theater sollen leben, nicht zu Dekorationszwecken herumstehen«, erklärt der Italiener, dessen Sammlung einzigartig auf der Welt ist. »Meine Marionetten sollen spielen und Freude bereiten.« Don Giovanni Guiso ist nicht nur ein passionierter Opernkenner mit einer unglaublichen Liebe zu jedem der Requisiten *en miniature*, die er in seinen herrlichen Theaterkästen aufbewahrt, sondern auch ein Mann, der eine Sprache spricht, an der Dante seine Freude hätte. »Ich verdanke alles meiner Kindheit in Orosei auf Sardinien«, erzählt der charmante Italiener, »diesem unvergleichlichen Stück Erde mit seiner mediterranen Blütenpracht. Ich verdanke es meiner Mutter, die mir, als ich noch ein kleiner Junge war, stundenlang Lyrik vorlas und mich mit selbstgebastelten Theatern in die Welt der Oper einführte. Statt mit anderen Kindern Streiche auszuhecken, war ich daheim in meinem goldenen Käfig und habe gelesen.« Nanni Guiso ist ein besessener Leser geblieben, der seine Lieblingsbücher im Schlafzimmer untergebracht hat, »wo sie über meinen Schlaf wachen und meine Träume beleben.« Er geht in den Geschichten

Possenti
GUIDA AL TEATRO
TEATRI
GRIFO
Guiso Taci, cuor mio Passigli
EDITORI DEL GRIFO
TEATRI
TEATRO
CRONOLOGIA DEGLI SPETTACOLI

seiner Bücher völlig auf. »Ich bin wie ein guter Freund und nehme leidenschaftlich teil am Leben der Protagonisten«, sagt er und wirft sich selbst etwas theatralisch in Pose. Was für seine Theatervorstellungen gilt, trifft auch für seine Lektüre zu: Guisos Gabe der Identifikation ist grenzenlos. Er liest nur nachts, »denn in der absoluten Ruhe bin ich viel aufnahmefähiger, kreativer und hellsichtiger, meine Erinnerungen lassen die Vergangenheit farbiger erscheinen.« Immer wieder kommt er auf seine sardischen Wurzeln zurück. »So sammle ich auch nur Bücher mit sardischem Gedankengut – denn Sardinien ist die schönste Insel der Welt.«

Auf dieser Insel traf eines Tages für den kleinen Nanni ein Geschenk aus Wien ein, das sein Leben bestimmen sollte: ein Miniaturtheater aus dem Jahre 1850, wunderbar geschnitzt und weiß und gold bemalt, mit roten

Links: Theater, Oper und Literatur – Giovanni Guiso ist ein Mann der schönen Künste. Er kann ganze Tage damit verbringen, in Büchern nach alten Inszenierungen zu suchen, ein Bühnenbild zu rekonstruieren oder sich in sardische Geschichten zu vertiefen.

Samtvorhängen; dazu gehören Porzellanpuppen, die als Darsteller der Oper *Il Trovatore* von Verdi dienen. Damit wurde in jungen Jahren eine Sammelleidenschaft geweckt, die bis heute andauert. Don Giovanni Guiso liebt es, die unsichtbaren Fäden seiner Puppen selbst zu ziehen. Jedes Jahr zu Silvester lädt er ein und zeigt eine seiner Opernaufführungen: *Don Giovanni*, *Don Carlos* oder *Madame Butterfly*. Und wenn die Puppen einmal nicht tanzen, bieten die vielen, reichbestückten Theaterkästen eine Attraktion für jeden seiner vielen Besucher.

Der Jurist, der sich nach seinem Studium in Rom für ein Leben in Siena entschied, der Stadt des *palio* und der *contrade* – dieser farbenprächtig kostümierten Vertreter der verschiedenen Stadtteile, die beim *palio* zu Pferd auf der Piazza del Campo gegeneinander antreten –, erklärt: »Der Platz wird zur Bühne, der *palio* wird zu einer prächtigen Inszenierung!« Einmal von Don Giovanni Guiso inspiriert, sieht man überall im täglichen Leben Theater. In diese Welt gehören Bücher, und deshalb verwundert es nicht, daß in einem seiner *teatrini* eine wunderhübsche Bibliothek versteckt ist. Heute würde der empfindsame Italiener sie mit den Werken junger amerikanischer Autoren bestücken, »um mit ihnen und ihrem oft waghalsigen Leben – reich an spannendem Inhalt, an Widersprüchen und Ambiguitäten – die Jugend zu leben, die ich nicht mehr habe und an die ich mit Wehmut zurückdenke.«

Oben: Guisos ältestes teatrino (17. Jahrhundert) zeigt einen gemalten Apothekerschrank und stammt aus Siena. Bewacht wird es von der Fahne seiner contrada, genannt die Giraffa, die am palio in Siena jedes Jahr im Sommer um den Sieg reitet.

Stefan Riedl, Porträtist, Wien

Der Porträtmaler Stefan Riedl wohnt nicht, er inszeniert – und treibt dabei ein lustvolles Verwirrspiel mit Prunk, Kitsch und Chaos. Seine Wohnräume hat er alle mit Säulen, Spiegeln und Wandmalereien versehen. Was echt aussieht, kann auch gemalt sein.

Der Wiener Porträtmaler Stefan Riedl lebt wie in einem Theater – jedes Zimmer gleicht einer Bühne. »Für eine Zugehfrau ist meine Wohnung ein absoluter Alptraum«, meint er lachend, »so viele Möbel, so viele Bilder, so viele Bücher und so viel unnützes Zeugs!« Aus weißen kahlen Büroräumen hat sich der gelernte Bühnenbildner in einem Jugendstilhaus mitten in Wien ein neobarockes, neogotisches und »Neo-Louis-Toujours«-Bühnendekor geschaffen. »Anfallartig«, wie Riedl selbst meint. Er hat mit dem Pinsel gearbeitet. Dabei blieb keine Stelle trocken. Die Wände seiner Zimmer, deren genaue Anzahl er nicht kennt, hat der sammelwütige Künstler in Marmor gekleidet, mit Säulen, Steinportalen und Sockeln ausgestattet, mit ausgeklügelten Reliefs bestückt und mit Bildern alter Meister versehen – alles wurde von ihm direkt auf die Flächen gemalt.

Daß der Romantiker mit dem melancholischen Blick sein ausgefallenes Ambiente nur in Kerzenlicht taucht, begründet er selbstbewußt: »Ich bin kein Freund von Elektrizität, die tötet jede Stimmung.« Sie würde aber das Lesen einfacher machen. Doch das stört Stefan Riedl nicht. Er kann seine heißgeliebten Architekturbände, seine vielen Bücher über Wien und seine unzähligen historischen Werke im Schummerlicht einer Kerze oder eines alten kleinen Petroleumlämpchens erst recht genießen. »Ach, wenn Sie wüßten«, beginnt er fast verzweifelt, »Lesen ist mein großes Laster – aber Laster machen so viel Spaß!« 5000 Werke haben sich bei ihm angesammelt, und er hat seine Bibliothek zum Schlafzimmer erklärt. Oder umgekehrt, er hat sein Schlafzimmer zur Bibliothek erklärt, »denn in Büchern schlafe ich am allerbesten.«

Regelmäßiger Pilgerort ist für den Maler und Büchernarren das legendäre Wiener Auktionshaus Dorotheum. »Dort kann ich stundenlang herumstöbern. Ich bin stets auf der Suche nach großformatigen Architekturbüchern. Da ich nicht nach perfekten alten Einbänden fahnde, werde ich oft fündig. Ich mag Fragmente. Und wenn es ein bißchen bröselt und ein Buch sich so schön im Auflösungszustand befindet, fasziniert es mich am allermeisten.

Rechts: Ein einmaliger Blick in ein einmaliges Schlafgemach: »Hier fröne ich meinem Laster, dem Lesen«, gesteht Stefan Riedl, »doch nie bei Tageslicht, nur bei Kerzenschein.«

Oben: Stefan Riedl bewahrt nicht nur jeden Flohmarktfund, jeden Bilderrahmen und jedes Buch, sondern auch unzählige Papiermodelle von Opernsets auf.

Bücher in einem unbefleckten Zustand hasse ich!«
Bei Stefan Riedl wird nachts gelesen. Dabei hat er immer »ein etwas schlechtes Gewissen, denn am Morgen schlafe ich, am Nachmittag gehe ich spazieren oder auf Büchersuche, und in der Nacht sollte ich malen – schließlich nenne ich mich ja Porträtist.« Doch da ist das Laster, und das will befriedigt werden. In seinem »Asyl für Monstermöbel mit speziellem Kinderschreckambiente« – so charakterisiert er selbst seine Wohnmischung aus erlesenstem Mobiliar und wackeligen Flohmarktstücken – hat der prunksüchtige Künstler seine Bücher immer in Reichweite. »Ich will sie anfassen, fühlen, liebevoll behandeln können – und nicht einfach in eine Ecke stellen.«
Wenn er von Robert Musil oder Honoré de Balzac, den er »leider«, wie er betont, nur auf deutsch lesen kann, spricht, dann glänzen seine Augen. Und wenn er eines seiner zerlesenen Lieblingswerke über Johann Bernhard Fischer von Erlach, den österreichischen Baumeister des Spätbarock, in seinen Händen hält, gibt er es erst Stunden später wieder frei. »Am liebsten wühle ich lesend im Moderhaufen der Vergangenheit – das ist einfach herrlich. Aber das universellste, phantasievollste und mir am engsten verwandte Buch ist – dreimal dürfen Sie raten – *Alice im Wunderland*.«

WORLD ANTIQUES
THE HERMITAGE

POPOVA
MALEVITCH
EL LISSITZKY
RODTCHENKO
DAVID SMITH BY DAVID SMITH
ANDY WARHOL DIARIES
FLUXUS CODEX
AUS DEM TAG IN DIE ZEIT
The Vampire Film
PIONEERS OF SOVIET ARCHITECTURE
OLBRICH
RAPID EYE
RICHARD TUTTLE
Spafinder
MISS WORLD STORY

Sylvie Fleury und John M Armleder, Künstler, Genf

Die Installationskünstlerin Sylvie Fleury und der für seine Schüttbilder und raumfüllenden Assemblagen bekannte John M Armleder lieben es, sich mitten in ihre Bücherberge zu setzen, um stundenlang zu wühlen und zu schmökern.

Ihr Thema ist die Alltagskultur. Sie beschäftigt sich mit Kultgegenständen und Zeitgeistidealen wie Auto, Mode, Schönheit. Sie befaßt sich mit unersättlichen Shoppingwünschen und der ewigen Sehnsucht nach Glamour, Beauty und Lifestyle. Die Künstlerin Sylvie Fleury aus Genf machte bereits Ende der 1980er Jahre mit ihren Designereinkaufstüten Furore, die sie als Gesamtkunstwerk kreierte und *C'est la vie!* oder *Give hope* nannte. Mittlerweile erregen ihre raumfüllenden Installationen und Aktionen allerorten Aufsehen: die silbernen oder pinkfarbenen, fellbezogenen oder zu einem Sitzmöbel umfunktionierten Raketen, die Videoinstallationen über den Fitnesswahn, die mit Kunstfell versehenen Mondrian-Gemälde, die in Galerien geparkten, aufgepeppten amerikanischen Autos, die Fotoarbeiten *Roadtest (Is Your Make-up Crashproof?)* oder die um ein Vielfaches vergrößerten Coverseiten von Mode- und Glamourmagazinen.

Zu soviel Phantasie und Hintersinn muß es im privaten Leben der beiden Künstler Sylvie Fleury und John M Armleder einen Gegenpol geben. Dieses Gegengewicht steht als romantisch-verwunschenes Märchenhaus im Herzen von Genf. In dem alten Gebäude mit einem bezaubernd verwilderten Garten kann Sylvie »Energie tanken und Inspirationen holen«. Hier hat sie genügend Platz für ihre riesengroße Schuhkollektion, für ihre Sammlung dekorativer Schmuckspinnen, die in jeglichen Größen und Materialien ihr Schlafzimmer belagern, und für die Berge von Zeitschriften und Büchern, die sie für ihre Arbeit benötigt.

John M Armleder, Maler und Installationskünstler, der oft auch mit Sylvie zusammenarbeitet, ist ein absoluter Bücherfreak. In den 1970er Jahren war er Eigentümer des Genfer Buchladens Ecart, der sich auf Kunstbücher der 1950er und 1960er Jahre spezialisiert hatte. Seit er sich von dem Geschäft getrennt hat, steht ein Großteil des Ladenbestandes »in jedem Zimmer, in jeder Ecke und auf jeder möglichen Ablage in unserem Haus.« Doch nur ein Zehntel der Bücherschätze kann das Künstlerpaar daheim aufbewahren, »der Rest liegt ungeordnet in irgendwelchen Kisten«, darunter ein ganzes Archiv

Zimmer mit Aussicht: Aus dem Eßzimmer, das gleichzeitig als Bibliothek dient, fällt der Blick durch den Salon in einen kleinen, verwunschenen Garten. Die rote Draperie über der Durchgangstür betont den theatralischen Charakter dieses romantischen alten Hauses.

NEEDLEPOINT
BÜRGENSTOCK
The Aga Khans
THE HONORARY CONSUL
Haunted Summer
AGATHA CHRISTIE
BY LOVE POSSESSED
JAMES GOULD COZZENS
Doctor Zhivago
BRAKHAGE SCRAPBOOK
Deep Storage

Kunstfell auf Bildern, Bällen und Raketen: Sylvie Fleury spielt gern mit synthetischen Materialien. Ihr Werkbuch First Spaceship on Venus and other Vehicles ist bereits ein Kultbuch.

zu sogenannten B-Movies aus der Zeit der 1940er bis zu den 1980er Jahren: »Es sind Spezialbücher, Artikel, Schriften und Anmerkungen zu Science-fiction- und Horrorfilmen, die einmalig sind und die man heute so nirgendwo mehr finden kann.«

Eine Bibliothek gibt es in dem ausgefallenen Fleury-Armleder-Domizil gleich neben dem Salon. Es ist ein hoher Raum, dessen übervolle Regale bis an die Decke reichen. Hier an einem beladenen Tisch zu sitzen, sich in den vielen Kultbüchern zu verlieren und ab und zu einen Blick in das kleine Gartenparadies zu werfen, das ist für die beiden »einer der schönsten Momente des Tages.« Überhaupt liebt es John, der auch Kunstkataloge produziert, stets und überall von Büchern umgeben zu sein, »denn irgendwie habe ich das Gefühl, daß allein schon beim Ordnen von Büchern, beim Anfassen der Seiten und Durchblättern ein Teil der Informationen, die die Bücher enthalten, an mich übergehen. Sie drängen sich mir praktisch auf.«

Gonzalo Gorostiaga, Trompe-l'œil-Maler, Buenos Aires

Betritt man das Atelier von Gonzalo Gorostiaga in Palermo Viejo, dem Künstlerviertel der argentinischen Hauptstadt Buenos Aires, traut man seinen Augen kaum. Alles ist bemalt – die Wände, der Boden, die Möbel, die Vorhänge, Regale und Paravents. »Kann ich etwas nicht bekommen, dann mal ich's mir einfach!« meint der Trompe-l'œil-Spezialist, ohne mit der Wimper zu zucken. »Ich kann mir so fast jeden Wunsch erfüllen.«

Intensiv studiert Gonzalo Muster und Blauschattierungen asiatischer Keramikgefäße, bevor er seine Pinsel in die Farbe taucht. Ebenso verfährt er, bevor er Tapisserien aus dem 18. Jahrhundert malt, Kissen »stickt« oder Bilder auf Vorhänge »appliziert«. Akribisch genau malt der Künstler liegende oder stehende lederfarbene Buchrücken nebeneinander, »legt« halbgeöffnete Bücher auf gemalte Regale.

So füllt er seine Bibliothek mit wertvollen Bänden und läßt sein Sofa von Kissen überquellen, die mit mittelalterlichen Motiven »bestickt« sind. In einem alten Schrank tummeln sich hinter Maschendraht wohlgenährte zufriedene Küken, und auf Regalen »stehen« blauweiße chinesische Vasen kunstvoll arrangiert. Nur sind die Bücher ohne Inhalt, die Kissen nicht tatsächlich bestickt, die Küken piepsen nicht, und die Vasen brechen nicht in tausend Stücke, sollten sie herunterfallen. Denn dies ist das Heim von Gonzalo Gorostiaga, dem *Augentäuscher*.

»Natürlich male ich Bücher, weil ich sie liebe«, erläutert er und zeigt auf den gerade fertiggestellten Bibliotheksparavent, »aber auch, weil sie eine Geschichte haben, weil sie so schön alt werden, weil sie luxuriös und dramatisch zugleich sind. Zudem haben sie Tradition und Eleganz und sind gleichzeitig dekadent. Bücher erzählen uns Geschichten aus anderen Welten – nicht nur vom Inhalt her, sondern einfach durch ihre zerfallenden Ledereinbände und ihre verblaßten Goldlettern auf dem Rücken. Bücher bedeuten Ordnung und Chaos zugleich. Wie sind sie angeordnet – stehend, liegend, gestapelt? All dies interessiert mich, und alle diese Überlegungen versuche

Ausräumen, Abstauben, Einräumen sind bei diesem Küchenschrank nicht gefragt. Der argentinische Trompe-l'œil-Spezialist Gonzalo Gorostiaga hat sich seine Küche einfach gemalt – und kann sich so fast jeden Wunsch erfüllen.

Diese Doppelseite: Ob Tücher, Kissen, Mauern oder Leinwände – Gorostiaga mag nichts Unbemaltes. Und weil ihn Bücher faszinieren, malt er sie überall hin, aber am liebsten auf Paravents, die er ständig verschieben kann: »So habe ich meine Bücher immer bei mir.«

ich in meine Malerei einzubringen. Schließlich begleiten uns Bücherregale durch unser ganzes Leben. Und immer lassen uns die Buchrücken – auch gemalte – phantasieren. Und zwar auch ohne das Buch je gelesen zu haben.«

Gonzalo Gorostiaga hat die Kunst des Täuschens nicht erlernt, er hat keine Kurse besucht und kann daher auch nicht den Namen einer berühmten Kunstschule in seiner Vita verzeichnen. »Ich bin ein hundertprozentiger Autodidakt«, sagt der Künstler, der sechs erfolgreiche Jahre in London gearbeitet hat, ganz zufrieden. »Nur einmal habe ich einen Aquarellmalkurs besucht. Ich war aber so ungeduldig mit dem Lehrer und mit mir selbst, daß man mir sehr bald nahelegte, ich solle den Kurs verlassen. Und so habe ich halt geübt, bis ich's konnte.«

Mittlerweile ist der gebürtige Argentinier von der Maltechnik, die das Falsche ins richtige Licht rückt, »völlig besessen«. Er malt in Trompe-l'œil-Technik Szenen, Möbel und Muster für Kunden in der ganzen Welt. »Am liebsten male ich Bücherwelten – denn die werden nie unmodern!«

Was gehört zu Büchern? Wenn es nach Gorostiaga geht, wirken Bücher am besten in Gesellschaft von Keramikschalen und Vasen, kleinen Bildern, Reiseandenken und Globen. Damit hat er jedenfalls seine »Bücherschränke« gefüllt.

William M. Harnett
LONDON ARCHITECTURE
ITALIAN STYLE
CARIBBEAN STYLE

Arnulf Rainer, Künstler, Wien

»Mit den Büchern, die Arnulf Rainer für seine Übermalungen aussucht, erschafft er sich in einer bewußten Reaktion auf die universal schaffenden Künstler der Renaissance als homo secundus deus sein Universum«, schreibt Barbara Catoir in Übermalte Bücher.

Eine Buchseite als Fond, als Ur-Grund, um übermalt, überdeckt, überarbeitet zu werden – Bücher als Träger neugeschaffener Werke.
Der österreichische Künstler Arnulf Rainer hat in fünfunddreißig Jahren etwa zweihundert alte Bücher übermalt, meist großformatige Bildbände: Kunstbücher, Anatomiebände, Werke über Tier- und Pflanzenkunde und über Architektur, aber auch Shakespeares Opus und schließlich sogar die Bibel. »Bücher sind für mich ein Zugang zu Kunst und Kultur der Vergangenheit«, sagt der ehemalige Leiter der Meisterklasse für Malerei an der Akademie der Bildenden Künste in Wien, der Mitglied der Akademie der Künste in Berlin und des Österreichischen Kunstsenats ist. »Ich kaufe alle neuen Bücher über die großen Maler der Vergangenheit, denn inzwischen ist die Reproduktionstechnik so gut geworden, daß man Ölbilder auf diese Weise besser sehen kann als in den Gemäldegalerien. Selbst in den berühmten großen Museen sind die Werke durch rahmenbedingte Schlagschatten oder Beleuchtungsspiegelungen oft entstellt oder zumindest schlecht inszeniert. Ein Buch bietet da perfektere Ansichten.«
Arnulf Rainer überarbeitet einzelne Blätter mit einem Bleistift, schwarzer Ölkreide oder mit farbigen Pastellkreiden und vereint sie zu Zyklen. Er bevorzugt starke Striche und breite Farbbahnen, er deckt ganze Flächen mit Fingerfarben zu – meist mit soviel Transparenz, daß das Ausgangsbild zu erkennen bleibt. Jedem Werk, das der Maler überarbeitend schafft, ist eine lange intensive Suche nach geeigneten Objekten vorausgegangen. Ob Darstellungen des menschlichen Gehirns oder der Körpersprache, Körperhaltungen und Gesichtsausdrücke von Geisteskranken, Schlangenillustrationen oder architektonische Abbildungen, Gedichte oder Künstlerporträts – jedes Objekt, das Arnulf Rainer auswählt, ist untrennbar mit seiner Persönlichkeit verbunden.
Eines der ersten Bücher hat der Künstler, der 1929 in Baden bei Wien geboren wurde, in den 1960er Jahren überzeichnet. Es ist dies *Gilgamesch. Eine Erzählung aus dem Alten Orient*, ein Buch-Bild-Zyklus mit vierzehn Fak-

simile-Überzeichnungen, die Arnulf Rainer in einer expressiv-exzessiven Weise über und über mit schwarzen Farbstrichen fast völlig zugedeckt hat. Dieses Werk erschien 1979 auch in einer Faksimileausgabe.

Obwohl Arnulf Rainer in seinem Atelier in Spanien eine herrliche Büchersammlung besitzt, sagt er: »Ich bin nicht so sehr ein passionierter Büchersammler, eher ein passionierter Überzeichner und Maler. So haben auch meine Bücherkäufe stets mit der Materialsuche für meine künstlerische Arbeit zu tun. Ich kaufe immer unter dem Gesichtspunkt, wieviel und welches Bildmaterial ein Buch in sich trägt. Meine Bibliothek habe ich nach bisherigen und zukünftigen Bilderserien geordnet.«

Rainers provokanteste Buch-Übermalung gilt der Bibel. Sie ist – gesteht er – seine bisher größte Herausforderung gewesen. Einhundertsechzig Illustrationen hat er für eine limitierte Auflage von 3000 Exemplaren bearbeitet. Und was wird das nächste Buch sein? »Dantes *Göttliche Komödie* – an den Radierungen dazu arbeite ich bereits.«

Etwa zweihundert alte Bücher hat der österreichische Künstler bisher übermalt. Ob Architekturbände, die Naturgeschichte der Säugetiere oder Holbeins Portraits of the Court of Henry VIII. – Bücher sind für Rainer stets Träger neuer Kunstwerke.

ÜBERMALTE BÜCHER
KUNSTMUSEUM BONN
9. Mai – 1. Juli 70
RA
Städtisches Kunstmuseum Bonn, Rathausgasse 7
Öffnungszeiten: täglich 10 bis 17 Uhr, Di und Do 10 bis 21 Uhr, Mo geschlossen.
Do 14. 6. (Fronleichnam) 14 bis 21 Uhr, alle anderen Feiertage 10 bis 17 Uhr.
25. Mai geschlossen.
A. RAINER
Die fossile Flora von Sotzka.
A. RAINER

Rot, Dunkelblau und immer wieder Schwarz.
Vor allem Schwarz ist die Farbe, mit der
Arnulf Rainer sehr häufig arbeitet.
In einem abgelegenen alten Bauernhof,
in dem auch das Atelier untergebracht ist,
bewahrt der Künstler einen Teil seines
Werkes, das bereits mehrere tausend bemalte
Blätter umfaßt, in Schubladen auf.

BROCKHAUS
ENZYKLOPÄDIE
2000
3
BED-BROM
BROCKHAUS
5

André Heller, Multimedia-Künstler, Wien

Ein Künstler, der in keine Kategorie paßt: André Heller ist Erfinder, Veranstalter, Regisseur, Sänger und Autor.
Als Designer hat er die Buchdeckel der neuen Brockhaus Enzyklopädie 2000 mit ungewöhnlichen Hilfsmitteln gestaltet.

Bücher haben mir bereits einmal das Leben gerettet. Das war damals, als ich als kleiner Junge im Internat bei den Jesuiten war. Wir durften keinen einzigen privaten Gegenstand in den riesigen Schlafraum mitnehmen, gar nichts Persönliches. Musikhören war auch nicht erlaubt, es gab ja auch noch keine Kassettenrekorder. Das einzige gegen unerträgliches Heimweh waren Bücher. Und da sowohl mein Vater als auch meine Großmutter eine wunderbare Bibliothek besaßen, war ich gerettet. Ich las die Bücher aber nicht nur mit Inbrunst, sondern legte jeweils vor dem Einschlafen ein Buch aufgeschlagen auf mein Gesicht – es wurde zu einer Art Schutzdach. Und es war mir, als ob ich in diesem Buch habe wohnen können.«

Der Wiener André Heller, von Beruf Aktionist, Erfinder, Komponist, Sänger, Literat, Feuerwerker, Zeichner, Regisseur, Gärtner und Verwandlungsreisender, hat zu seinen Büchern nach eigenen Aussagen eine »sehr sinnliche Beziehung«. Die große Bibliothek seines Vaters, der nie in Österreich gelebt hat, war für ihn ein Glücksfall. Als Kind las er nicht etwa Karl May, sondern Peter Altenberg, Jules Verne und Daniel Defoe. »Bücher waren lange Zeit meine eigentliche, meine wirkliche Familie«, erzählt der kreative Mensch, auf dessen Ideenkonto Projekte wie der Berliner *Wintergarten*, der *Chinesische Nationalzirkus* mit den *Begnadeten Körpern* oder die von Künstlern realisierten *Flying Sculptures* gehen. »Bücher können sich nicht wehren«, fährt er fort, »ein Stendhal zum Beispiel kann mir nie sagen, daß er mich nicht mag und nicht haben möchte.«

André Heller bewohnt die Bel Etage eines wunderschönen Barockpalais' aus dem Jahre 1702 im ersten Wiener Bezirk. »Ich lebe in gesegneten Räumen«, erzählt er begeistert, »denn hier drinnen haben schon Schubert und Mozart musiziert und hier wurde die österreichische Widerstandsbewegung ins Leben gerufen.« In dem großen Raum neben dem Salon hat der Multimedia-Künstler seine Bücher deponiert, auf seinen Schreibtischen – »drei, damit ich nicht ab- und aufräumen muß« –, auf dem Boden neben dem Klavier,

Oben: Es gibt ihn 2200mal, den neuen Brockhaus.
Rechts: Ein Kopf von Georg Baselitz bewacht André Hellers Arbeitswelt.
Folgende Doppelseite: Das fünfteilige Werk, das diesem Arbeitszimmer Harmonie verleiht, stammt von Wolfgang Herzig, die Anatomiefigur datiert aus dem 19. Jahrhundert.

auf vereinzelten Regalen. Eine Bibliothek hat Heller, der von sich sagt, er lese täglich – »ständig, so wie andere Leute Zwischenmahlzeiten zu sich nehmen« –, an seinem zweiten Wohnort in der Lombardei. »Und so reise ich immer mit Übergewicht, denn die Bücher, die ich brauche, befinden sich grundsätzlich nicht dort, wo ich gerade bin oder hin will.«

Im Wiener Domizil ist eines seiner neuesten Werke präsent: die 24bändige *Brockhaus Enzyklopädie 2000.* Wie der österreichische Maler und Graphiker Friedrich Hundertwasser vor ungefähr zehn Jahren, so hat auch André Heller dem *Brockhaus* ein neues Gewand gegeben. Es ist weder aus Pappe, noch aus Leder oder Stoff – es ist zusammengesetzt aus kleinen Wunderkästen. Den alten Kunstkammern des 17. Jahrhunderts nachempfunden, sind in die Buchdeckel durchsichtige Döschen mit kleinen Schätzen gelegt, die die inhaltliche Vielfalt der Enzyklopädie wiedergeben sollen: ein Stück Holz, ein Relief, eine Münze, ein Freundschaftsbändchen, eine Feder, Halbedelsteine und ein Stück des Schals vom Dalai Lama, ein weiteres von Boris Beckers Tennisschläger und eines vom Hemd des Opernstars Placido Domingo. »Ich wollte eine Art Vitrine machen, wie man sie oft zu Hause stehen hat – voll persönlicher Schätze, Belege besonderer Augenblicke in einem Menschenleben. Diese Vitrine sollte gleichsam der Bucheinband sein. Eine Sammlung von Welt also, eine kleine Welt in unserer Welt.« Diese Vitrinen in Kleinstformat haben 3,2 Zentimeter Durchmesser und sind 4,5 Millimeter hoch. Drei Mitarbeiter aus Hellers Wiener Werkstatt, in der der innovative Mann je nach Projekt bis zu 600 Menschen beschäftigt, sind daraufhin durch die Welt gereist und haben 4,5 Millimeter hohe Dinge für die limitierte *Brockhaus Enzyklopädie 2000* suchen müssen – von jedem Stück 2200 Exemplare.

André Heller hat vierzehn Bücher veröffentlicht und fünfzehn Platten besungen, er hat in Indien das Ereignis *Jag Mandir – Das exzentrische Privattheater des Maharan von Udaipur* inszeniert, am Broadway das Stück *Wonderhouse* aufgeführt, in Hongkong einen 55 Meter hohen Bambusmann schwimmen lassen und im österreichischen Wattens einen Wundergarten angelegt. Sohn Ferdinand hat die Kreativität geerbt und ist bereits auf Vaters Spuren gewandelt. Der Zehnjährige hat gerade sein erstes Buch geschrieben: *Spider Kid.*

Marisa Albanese, Künstlerin, Neapel

Palindrome, Sätze, die vorwärts und rückwärts gelesen den gleichen oder einen anderen Sinn ergeben wie »IN GIRUM IMUS NOCTE, ECCE ET CONSUMIMUR IGNI«, faszinieren die italienische Künstlerin Marisa Albanese. Sie »spielt« mit solchen Sätzen. Sie schließt Worte in Glas ein und läßt sie durch ein kleines Fenster in einem Metallschaukasten ansehen. »Ich benutze das Glas wie eine durchsichtige Buchseite, auf der ich meine Worte oder Sätze treiben beziehungsweise schwimmen lasse. Das Glas wird von einem Spiegel reflektiert, so daß auf dem Spiegelbild das Wort oder der Satz von hinten gelesen werden können.«

Mit ihren gläsernen Buchseiten stattet Marisa Albanese nicht nur kleine Metallkästen auf interessante Weise aus; für das Haus einer römischen Kunstsammlerin entwarf sie sogar Glastüren, in die sie mit großen Lettern lateinische Zitate schrieb. Sie sind einem Gespräch zweier Badender in einer antiken römischen Therme entnommen. Die Quintessenz: Wasser bedeutet Freundschaft, denn die Römer haben im Wasser stehend miteinander über alle wichtigen Dinge des Lebens diskutiert.

»In meiner Arbeit habe ich immer wieder mit Worten experimentiert«, erklärt die dunkelhaarige Neapolitanerin. »Zuerst waren es nur einzelne Zeichen, dann kombinierte ich Sätze aus verschiedenen Texten miteinander, um so einen dynamisch-visuellen Kreislauf zu schaffen.« Die Künstlerin mit dem Gespür für den tieferen Sinn verwendet in ihren Werken nicht nur Palindrome, sie zitiert auch aus den Texten ihrer Lieblingsschriftsteller Italo Calvino, Robert Musil und Edmond Jabès. »Ich leihe mir von ihnen einfach Sätze aus für mein eigenes Gedankengut.« Worte wurden in Albaneses Arbeiten zu mystischen Elementen, die die Künstlerin nicht erklärt haben möchte. Sie ist inzwischen noch einen Schritt weitergegangen. In ihren Werken bereichert Marisa das Wort durch Fotografien von »sprechenden« Händen.

Bücher sind für die sensible Frau mehr als nur Wissensspeicher und Wissensspender, sie sind für sie *scatole cinesi*, chinesische Schachteln, die eine

Diese Doppelseite: Geschriebenen Worten und sprechenden Händen widmet die Neapolitanerin Marisa Albanese (links) ihr künstlerisches Schaffen. Die Sprache der Hände, die oft obszöner Natur ist, betrachtet die Künstlerin als Alphabet (hier in Gips gearbeitet), durch das wir miteinander kommunizieren.

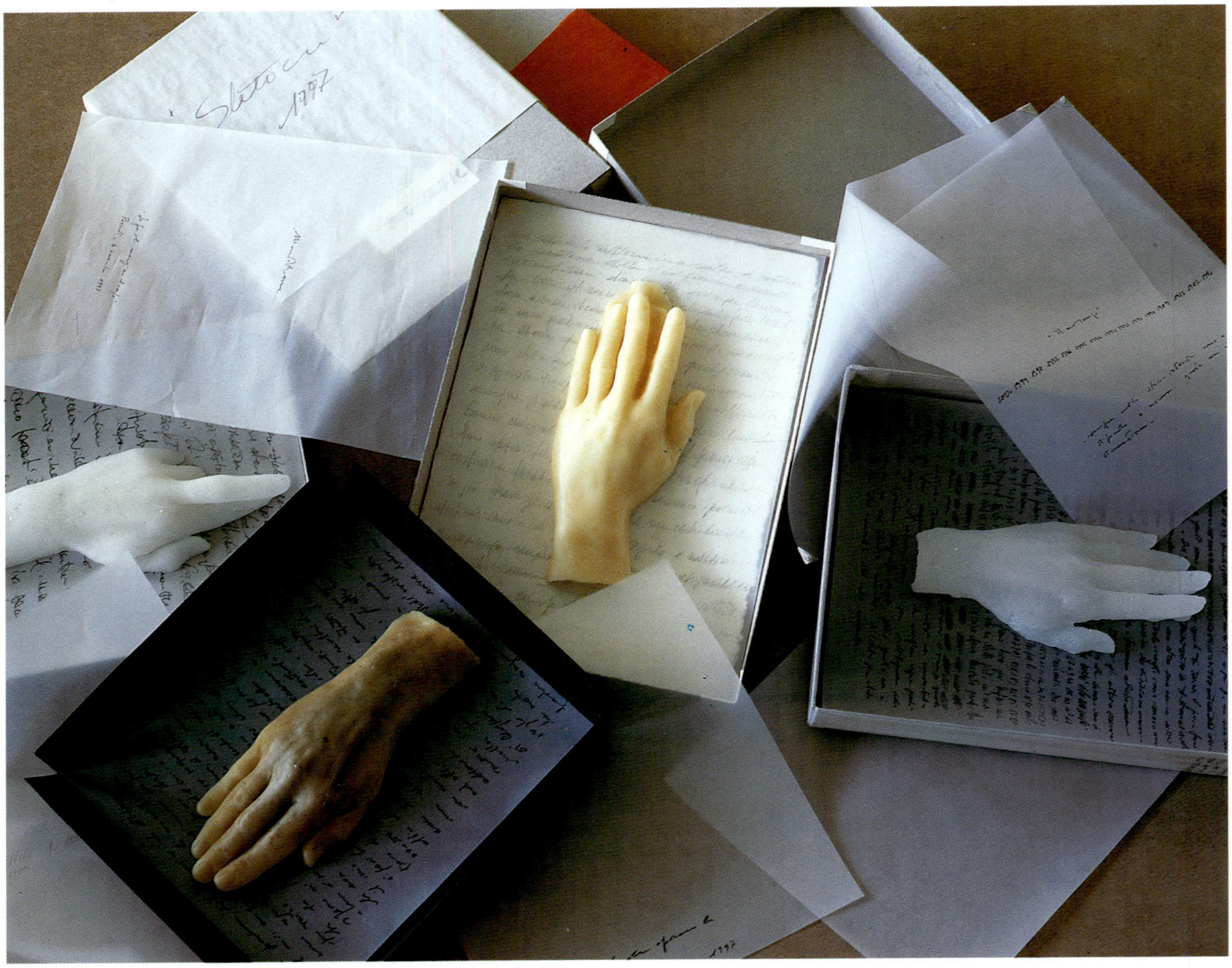

Oben: Unseren Blick weiten will die Künstlerin mit ihrer Arbeit, denn was wir sehen, ist nicht so wichtig, wichtiger ist ihr, wie unser Blick reagiert.
Rechts: Bücher sind schwerwiegende Elemente, denen man in vielerlei Form phantasievoll huldigen sollte.

immer noch kleinere Schachtel in sich verbergen. »So dringe ich immer tiefer in die Protagonisten einer Geschichte ein, als Leser habe ich mit meiner Sensibilität und Interpretation Einfluß auf ein Werk.« Das Buch selbst, seine Form und sein Aussehen, ist für Marisa ein sinnliches Objekt. Sie spricht beinahe feierlich von den Sinnen – dem Tastsinn, aber auch dem Geruchssinn –, die von einem Buch angesprochen werden. Und hat sie ein Buch zu Ende gelesen, überkommt sie ein Glücksgefühl der Dazugehörigkeit, aber auch ein trauriges Empfinden des Abschiednehmens.

Die Künstlerin ist eine treue Leserin, das Buch ihr ständiger Begleiter. Hat sie einen Autor für sich entdeckt, will sie alles von ihm lesen. Momentan ist es Thomas Bernhard. Sie liest ihn im Wechsel mit philosophischen Schriften, die immer wieder zu ihrem Leseprogramm gehören. Einen festen Platz für eine Bibliothek hat Marisa Albanese nicht. Ihre Bücher sind dort, wo sie selbst ist. »Sicher stehen im Hause einige in den Regalen, aber die meisten befinden sich irgendwo«, erzählt sie mit einem strahlenden Lächeln. »Nur zwei nicht – Robert Musils *Der Mann ohne Eigenschaften* und *Der Meister und Margarita* von Michail Bulgakow, die befinden sich ständig auf meinem Nachtschränkchen am Bett.«

Emilio Isgrò, Multimedia-Künstler, Mailand

Ich glaube, daß das Buch für uns Europäer die Erde ist, das Wasser, das Vaterland und auch unser Heim, das Haus, in dem wir wohnen. Daher habe ich riesengroße Bücher geschaffen, damit man sich dort drinnen noch besser aufhalten kann. Eines Tages werde ich ein Buch kreieren, das zehn oder zwölf Stockwerke hat – oder noch besser: einen wahrhaftigen Wolkenkratzer.«

Das sagt ein Künstler, der an Leinwänden arbeitet, die die Form von übergroßen Büchern haben, die zu Skulpturen und damit zur Basis seiner Gemälde werden. Emilio Isgrò arbeitet auf selbstverfaßten Gedichten und schreibt Texte in seine übermalten Bücher. »Ich gehöre zur Kategorie der Multimedia-Künstler – was für ein fürchterliches Wort!«, beschreibt er lachend seine Berufsgattung.

Mit seinen Durchstreichungen – übermalten und ausgestrichenen Büchern – macht der gebürtige Sizilianer, der in Mailand lebt und arbeitet, seit mehr als dreißig Jahren Furore. Er begann mit dem Schreiben, hat Gedichte, Romane und Theaterstücke verfaßt und erfolgreich veröffentlicht. »Daraufhin mußte irgendwie die *Cancellatura* – die Streichung – folgen«, erklärt der Künstler, der viermal an der Biennale in Venedig teilgenommen hat, »sie kam für mich am Ende einer langen und abenteuerlichen Fahrt; sie kam wie ein wahrhaftiger *coup de théâtre.*« Und gleich spinnt er seinen Gedankenfaden weiter: »Überhaupt ist meine ganze Arbeit irgendwie ein Theater, es ist die Inszenierung des Jahrhunderte alten Kampfes zwischen dem Wort und dem Bild. Oder noch besser – zwischen der verbalen Kultur und der Kultur des Bildes. Und wer wird am Ende wen ausstreichen? Das ist die Frage, die wir fürs nächste Jahrtausend lösen müssen, wenn wir nicht wollen, daß ein Volk von stummen Fischen den Mars erobert.«

In seinem Leben hat Emilio Isgrò die verschiedensten Bücher bearbeitet: von der *Divina Commedia* Dante Alighieris bis zu Goethes *Faust*, vom Evangelium bis zur *Encyclopedia Britannica*, oder auch Werke von Shakespeare,

Der Jahrhunderte alte Kampf zwischen Wort und Bild steht im Zentrum der Kunst des Sizilianers Emilio Isgrò (rechts). Seine Bücher hat er selbst geschaffen, gemalt, beschrieben, bedruckt. Es sind Leinwände, die die Form von Büchern haben, oder Bücher, die zu Leinwänden werden.

Kant und Freud. »Sehr oft aber wollte ich den Titel des durchgestrichenen Buches nicht preisgeben«, erläutert der Künstler, »weil ich verhindern möchte, daß meine Arbeit als Geste purer Zerstörung angesehen wird. Denn sie ist vielmehr ein ernsthafter Versuch, das Wort von all seinen nutzlosen Bedeutungen zu befreien und ihm dieses Geheimnisvolle zurückzugeben, das es besaß, als es zum erstenmal ausgesprochen wurde. Mit anderen Worten: das erste *Mama* eines Kindes ist nicht weniger interessant als Hamlets *to be or not to be.*«

Emilio Isgrò liest als professioneller Leser, und das tut er ständig. Ist dies jedoch einmal nicht der Fall, dann schwelgt er in Erinnerungen an das Gelesene. »Schon als frühreifer Knabe habe ich alles gleichzeitig gelesen, Pirandello und Pinocchio, Tolstoi und diese billigen Dreigroschenromane, die ich

Isgrò, der mit Worten in verschiedenen Sprachen spielt, schuf auch das viel beachtete Libro bianco per Guglielmo Tell sowie das Calcio di Rigore (der »Elfmeterschuß«), ein geöffnetes, bemaltes »Buch«, das ungeheure 186 x 215 x 50 cm mißt.

AMBROGIO LO VEDE VERDE.
AMBROSE THINKS IT'S GREEN.
DIO NOSTRO SIGNORE CREA QUESTO ROSSO
E LO CHIAMA GESÙ
monti,
monti, dove non
Gli italiani comprano nei quartieri chic

mir bei den weiblichen Lehrlingen in der benachbarten Schneiderei ausgeliehen habe.« Noch heute, gesteht er offenherzig ein, geht er in den Buchhandlungen »mit größter Unbefangenheit« an den sogenannten Klassikern vorbei in die hinterste Ecke zu den »schwachsinnigen Büchern, denn nur durch sie kann ich mir ein Bild machen von der Welt, in der ich lebe. Und dies ist für einen Künstler das Allerwichtigste.«

Mit den Büchern hingegen, »die die Gläubigen in der Kirche so schön offen in ihren Händen halten«, kann Isgrò gar nichts anfangen. »Warum sind da so viele schwarze Striche anstelle von Wörtern?« fragt er. »Was steckt dahinter? Die Ohnmacht Gottes? Oder die Hartnäckigkeit des Teufels?« Fragt's und lehnt sich ruhig in seinen Sessel zurück.

Drei eigene Bibliotheken hat sich der vielseitige Buchkünstler im Laufe seines Lebens aufgebaut: zwei in Mailand und eine auf Sizilien, wo er seine Ferien verbringt. All seine Regale sind voll von den Büchern, die ihm Künstler- und Schriftstellerfreunde geschenkt haben, und voll von Werken, die er selbst ausgewählt hat. Diese aber durchzustreichen, dafür fehlte ihm bisher noch der Mut. Auf die Frage, was bei ihm schlußendlich zuerst komme, das Buch oder die Dichtung, meint Emilio Isgrò schlicht: »Weder das eine, noch das andere. Zuerst kommt die Welt. Und die Welt ist geschaffen worden, wie Mallarmé sagt, um in einem Buch zu enden. Genau wie die Dichtung.«

Le Tavole della Legge ovvero La Bibbia di vetro heißt dieses überdimensionale Buch aus Glas, das der Wahl-Mailänder 1994 schuf. Die riesigen Gesetzestafeln von Moses hat Isgrò in Hebräisch, Altfranzösisch, Deutsch, Italienisch und Englisch beschriftet, um das babylonische Sprachengewirr zu symbolisieren.

Peter Wüthrich, Installations-künstler, Bern

Wenn ein Künstler das Objekt Buch zum Gegenstand seiner Kunst macht, interessiert der Sinn, die Frage nach dem »Warum«. Der Schweizer Künstler Peter Wüthrich erklärt seine Beziehung zu gebundenen Schriften mit folgenden Worten: »Ich betrachte das Buch als Symbol und Metapher für die Welt: die vergangene, die gegenwärtige sowie die zukünftige. Ich begegne dem Buch als Spiegel, der mir vieles vorhält, als Batterie, die alles speichert, und ich begegne ihm als dem Gedächtnis der Welt, welches mir in seiner Essenz als Medium dient.« Mehr als für den Inhalt und die Bedeutung eines Buches interessiert sich der Berner für das Objekt, den Gegenstand und dessen Vorgeschichte – die eigentliche Buchproduktion.

Auf die Formen und Farben kommt es an! Der Berner Künstler Peter Wüthrich kombiniert Bücher, einem Gemälde gleich, auf einer schneeweißen Wand und nennt sein Werk: Von der Kunst Sträuße zu binden.

Peter Wüthrich bearbeitet das weite Feld Buch auf unterschiedliche Weise: Er arrangiert verschiedene einfarbige Bücher am Boden zu einem kunterbunten Flickenteppich, zu einem farbigen Puzzle, zu einem spannenden Mosaik, wobei der Inhalt der Bücher irrelevant ist. Es geht um die physische Präsenz der Bände. Ein andermal plaziert er Bücher mit farblich abgestimmten Einbänden neben- und untereinander an eine weiße Wand und nennt das Werk *Von der Kunst Sträuße zu binden.* Dann kombiniert er einzelne Bände zu Buchkreationen, die als Gemälde eine Wand oder als Skulptur eine Ablage schmücken. Der Künstler stapelt auch Bücher in einer Zimmerecke zu einem *Literarischen Modell*, wobei die Buchrücken stets der Wand zugekehrt sind.

»Da ich mit Zehntausenden von Büchern zu tun habe, ist es mir unmöglich, alle zu lesen«, gesteht der Künstler, der mit Büchern auch – spielerischen Kartenhäusern gleich – abstrakte Bauten konstruiert. »Gezielt gesammelt werden Buchbände erst dann, wenn sich eine Arbeitsidee verdichtet.« Ausgewählt werden sie schließlich genauso, »wie ein Regisseur die Schauspieler auswählt, die ihm für sein Drehbuch und zu Rollen passen.«

Peter Wüthrich spricht mit seinen Bucharbeiten – Installationen, Objekten, Texten und Fotografien – die Phantasie des Betrachters an. Der Bücher-

Oben: Aus Bücherstapeln und Büchertürmen, in denen das einzelne Buch wie ein Backstein fungiert und nie den Buchrücken zeigt, entstand Wüthrichs Literarisches Modell (1998).
Links: An einer Wand hängt die Fotografie eines fliegenden Buches mit dem Titel Return – here, there and everywhere (1994). Dazu hat der Installationskünstler am Boden eine Collage mit farbigen Büchern geschaffen.

freund, der seine eigenen Bücher bei sich im Atelier »nach System geordnet, zu hohen Büchertürmen aufgestapelt, meist verpackt oder in Arbeit hat«, zeigt uns: Das gedruckte Wort, eingeschlossen zwischen zwei frei gestalteten Buchdeckeln, wird uns auch in Zukunft animieren, inspirieren und faszinieren.

12 DIDOT
13 DIDOT
14 DIDOT
12

V
Büchermacher

Kunst & Handwerk
Alain Devauchelle, Paris
Andreas Schenk, Basel
Tomás Graves, Deià de Mallorca

Buch & Handel
Peter Kerssemakers, Amsterdam

Schriftstellerinnen und Schriftsteller
Cees Nooteboom, Amsterdam
Volker Kühn, Berlin
Siegfried Schmidt-Joos und
Kathrin Brigl, Berlin
Maren Sell, Paris
Mário Soares, Lissabon
Stephen Calloway, Brighton

Verlegerinnen und Verleger
Daniel Keel, Zürich
Inge Feltrinelli, Mailand
Siegfried Unseld, Frankfurt am Main
Lord George Weidenfeld, London

Literaturagenten
Ed Victor und Carol Ryan, London

Literaturkritiker
Marcel Reich-Ranicki, Frankfurt am Main

Alain Devauchelle, Buchrestaurator, Paris

Bevor die alljährliche große Pariser Auktion im Hôtel Drouot in der Salle No 8 stattfindet, ist bei Alain Devauchelle die Hölle los. Ein Großteil der Bücher und Schriften, die auf der Auktion gehandelt werden, sind zuvor in seiner kleinen Werkstatt im Hinterhof eines unauffälligen Wohnhauses restauriert und neu gebunden worden.
Alain Devauchelle hat die Werkstatt von seinem Vater übernommen; Roger Devauchelle war einer der angesehensten Buchbinder in Frankreich. Sein eigenes Buch über die Buchbinderkunst *La Reliure en France, des origines à nos jours*, das er zwischen 1959 und 1961 verfaßte, wurde inzwischen auch bei Drouot gehandelt – für fast 3000 Deutsche Mark.
Buchrestaurator wird man nicht so einfach. Davon ist Georges Deslandes, der seit fast vierzig Jahren für die Familie Devauchelle lederne Bucheinbände mit den wunderbarsten Goldprägungen schmückt, überzeugt: »Zum Buchbinder und zum Handvergolder muß man irgendwie geboren sein.« Es ist herrlich anzuschauen, wie Deslandes' Hand ruhig und gelassen schnurgerade ein Verzierungsrad führt und mit der richtigen Druckstärke das Blattgold in das in Leder gebundene Buch prägt. Der Chef ist sichtlich zufrieden mit seinem Mitarbeiter. »Beobachten Sie diese Konzentration, dieses Feingefühl, mit dem er das Leder behandelt – als wär's ein guter Freund! So kann das nur jemand, der diese Arbeit seit Jahrzehnten macht.«
Aufträge erhält Devauchelle aus der ganzen Welt. Ob Atlas, Almanach, ein über zweihundert Jahre altes Werk von Corneille oder einfach ein heißgeliebtes Kinderbuch – jedes beschädigte Buch wird mit der gleichen Sorgfalt und mit dem gleichen Fingerspitzengefühl behandelt und wieder in Form gebracht. Das ist natürlich nicht billig. »Es hat seinen Preis, ein altes Buch aufzufrischen, ihm einen neuen Buchrücken oder Einband zu schenken. Und der hängt vom verwendeten Material, hauptsächlich jedoch vom Zeitaufwand ab«, erklärt Georges Deslandes. »Wird ein in Leder eingebundenes Buch luxuriös mit Familienwappen und reichen Goldverzierungen versehen, nimmt dies Tage oder sogar Wochen in Anspruch.« Reichverzierte, goldge-

Oben: Eine ganz ruhige Hand braucht man, um mit der richtigen Druckstärke eine goldene, verzierte Linie in den ledernen Buchrücken zu prägen. In den Holzgriff können Rädchen mit verschiedenen Ornamenten eingesetzt werden.
Links: Für ihre Werkstatt haben die Devauchelles Prägestempel aus ganz Europa gesammelt.

prägte Einbände werden für wertvolle und seltene Schriften gewählt. Trotzdem kann der neue Einband ein Mehrfaches des Wertes eines Buches kosten.

Im Laufe der Zeit haben sich die gewünschten Dekors und Formen sehr stark gewandelt. Vater Roger und Sohn Alain haben klassische Lettern und die ausgefallensten verschnörkelten Prägestempel aus ganz Europa gesammelt. Unter fast 5000 verschiedenen Messing- und Stahlstempeln kann der Handvergolder Deslandes heute wählen. »Einige davon sind über vierhundert Jahre alt«, erklärt er.

Für moderne zeitgemäße Ledereinbände ist Yvon Bramante zuständig – er ist in der Pariser Werkstatt der Spezialist für Lederreliefs. »Das bedeutet, daß ich zusammen mit dem Kunden aus den verschiedenen Lederarten die gewünschten auswähle und daraus dann eine Art Mosaik konstruiere«, berichtet er. Aus einem alten Schubladenmöbel zieht der Fachmann ein paar Lederstücke heraus. Zur Auswahl stehen Lederteile in den verschiedensten Farbtönen und Materialien; auch so Erlesenes wie Elefanten- oder Straußenleder ist darunter. »Für den ganz besonderen Geschmack haben wir sogar Haifischhaut«, erklärt Yvon Bramante, der gerade dabei ist, aus roten und violettfarbenen Lederstreifen ein Relief auf einem orange-rosa Lederband zu kreieren.

Mit Fingerspitzengefühl und Spezialfäden werden hier handgeschriebene Blätter von Jean Cocteau gebunden. Die Blätter werden stets gereinigt, bevor sie weiter verarbeitet werden.

Aber nicht nur die Einbände der Bücher werden restauriert. Wenn ein altes, viel gelesenes, traurig anzusehendes Buch zu Alain Devauchelle und seinen Mitarbeitern gebracht wird, kann es auf verschiedene Weise behandelt werden: Sind seine Seiten voller Stockflecken, wird das Papier in einer besonderen Lösung à la Devauchelle wieder entfärbt; lösen sich Seiten aus einem Buch heraus, werden diese sorgfältig mit Spezialfäden gebunden; wellen sich der Deckel und die Seiten, dann wird das Buch in eine der Buchbinderpressen geklemmt.

Unter Buchbindern und Buchrestauratoren gilt ein ungeschriebenes Gesetz, das auch bei Devauchelle beherzigt wird: Nie ein Buch überrestaurieren, denn das nimmt ihm die Seele! Stets soll versucht werden, die Form dem Inhalt anzupassen. »Schließlich haben wir in der Fachwelt einen Namen, und dem wollen wir gerecht werden«, sagt der Firmenchef.

Andreas Schenk, Kalligraph, Basel

Andreas Schenk beherrscht die Kunst des schönen Schreibens. Die Schrift fließt aus der Feder, deren Kiel die Verlängerung seines Armes zu sein scheint. Mit konzentriertem Blick sitzt der Mann mit dem Lockenkopf tief gebeugt über einem Stück Pergamentpapier und schreibt mit ruhiger Hand einen zwanzig Zentimeter langen, kunstvollen Schnörkel. »Schreiben ist keine Sache des Intellekts«, sagt der Schönschreiber aus Basel, der seine Werkstatt direkt am Rhein in einem romantischen Fachwerkhaus aus dem Jahre 1437 untergebracht hat. »Es ist eine Sache des Inneren eines Menschen. Und wenn ich schreibe, vergesse ich mich völlig. Schreiben wird zur Meditation, zu einer Art Trancezustand.«

Wer die Werkstatt von Andreas Schenk betritt, glaubt, das 20. Jahrhundert verlassen zu haben. Kristalltintengefäße stehen in langer Reihe auf der hölzernen Tischplatte, unzählige Gänsekiele stecken gebündelt in einem alten Glas, Reißfedern, Linierrädchen, Falzbein, Polierstein, Schere, Messer und Zirkel liegen griffbereit.

Andreas Schenk hat sein Metier mit unendlich viel Geduld und Ausdauer erlernt. Als Kalligraph ist er Autodidakt. »Die wichtigste Qualität, die ein Schönschreiber braucht, ist ein großes Durchhaltevermögen, denn man muß üben, üben und nochmals üben.« Der gelernte technische Zeichner hat schon als Kind die Titelseiten seiner Schulbücher verschönert. Heute schreibt Schenk als einziger öffentlich bestellter Kalligraph in der Schweiz Texte für Urkunden und Diplome, Stadtbücher und Zunftchroniken, er entwirft Stammbäume und verfaßt selbst auch schon einmal weniger umfangreiche Bücher. »Da habe ich zum Beispiel ein dünnes Bändchen über die Reinigung von Bergkristallen nach Art der Indianer geschrieben«, erzählt der Basler, »und hierbei eine Schriftmischung aus einer Variation der Antiqua und der Schrift der Cherokesen verwendet.«

Niemand weiß, wie viele Schriftarten sich im Laufe der Zeit entwickelt haben. »Jedes Kloster hat seine eigenen Schriftvariationen gepflegt«, gibt Schenk sachkundig Auskunft. Seine persönlichen Schriftfavoriten kann er

Direkt am Rhein zelebriert Andreas Schenk in seiner Werkstatt in einem über fünfhundert Jahre alten Fachwerkhaus die Kunst des schönen Schreibens. Wer ihn besucht, wird eingeführt in die Welt der Schriften, deren genaue Anzahl auch er nicht kennt.

In dieser Werkstatt scheint die Zeit stillzustehen. Stille und Konzentration braucht der Kalligraph auch, um »in einer Art Trancezustand« die Urkunden und Dokumente seiner Auftraggeber zu beschriften.

ohne Zögern aufzählen: »Im täglichen Gebrauch habe ich etwa sechs bis sieben Schriften: zwei Varianten der Antiqua, die Unziale, Variationen der Fraktur und sowohl römische als auch englische Kursivschriften.« Er wählt den Schrifttypus immer nach dem Inhalt des Textes aus, wobei es Arten gebe, so Schenk, die sich für Bücher weniger eignen. Zur Kunst des Schreibens gehöre die Kunst des Sehens: »Als Kalligraph muß ich einen Text vor meinem geistigen Auge auf dem Papier sehen, um die geeignete Form zu finden. Wir Schönschreiber sollten so wenig wie möglich dem Zufall überlassen, und daher muß man, wenn man einen schlechten Tag hat, die Arbeit weglegen und auf den nächsten Morgen verschieben.«

Für Andreas Schenk muß ein Buch rundherum stimmig sein, damit er zufrieden ist. Es überrascht nicht, daß der Freund von Aphorismen lieber schöne bibliophile Ausgaben als einfache Taschenbücher zur Hand nimmt. Im Zentrum seines Interesses stehe die schöne Schrift »und mit ihr die Zusammenhänge zwischen Tinte, Papier und Federn«, erklärt er. »Schließlich hat sich eine Schrift auch durch die verschiedenartigen Werkzeuge entwickelt.« So werden in der Basler Schreibstube die Kiele oft selbst zugeschnitten, die Tinte wird selbst gebraut, und die Federn werden aus alten Beständen aufgekauft, »denn die heutigen Federn sind unbrauchbar«, sagt Andreas Schenk aus Überzeugung.

Zu dem wohlgeordneten Werkzeugsortiment gehören spezielle Tintenmischungen, selbst zugeschnittene Federkiele, Stempel und Holzwinkel.

Tomás Graves, Buchdrucker, Deià de Mallorca

Diese Doppelseite: In die Fußstapfen seines Vaters, des bekannten englischen Schriftstellers und Buchdruckers Robert Graves, ist auch Sohn Tomás getreten. Die alte Druckmaschine (rechts) fand der spanisch-englische Doppelstaatler auf Mallorca.

In einem mehr als hundert Jahre alten, weiß getünchten Steinhaus, das einst einen kleinen Laden und ein Kaffeehaus beherbergte, hat Tomás Graves eine Handdruckerei eingerichtet. Das Haus steht auf einem Hügel und gehört zum Dreihundert-Seelen-Dorf Deià auf der Insel Mallorca. Der sympathische Buchdrucker übt sein Metier mit ganzer Leidenschaft aus. »Diese Art Buchdruck ist zwar nicht perfekt, dafür hat sie aber viel mehr Charakter, mehr Tiefe und auch viel mehr Stil«, erklärt er. »Der moderne Offsetdruck basiert auf einem chemischen Prozeß, während meine Arbeit, der handwerkliche Buchdruck, mit physischer Kraft verbunden ist – das gefällt mir sehr gut.« Diese Freude am Handwerklichen ist in der kleinen Werkstatt zu spüren.

Tomás Graves verbindet Tradition und Moderne auf seine Art. Bevorzugt er in der Technik das Altbewährte, so liebt er im Druck zwar klassische Formen, aber auch einfache, klare Linien. »Natürlich gibt es die alten wunderschön verschnörkelten Lettern«, meint er, »doch das ist nicht meine Welt. Mir gefallen moderne, aber doch elegant gedruckte Bücher, keine verspielten Schriften.« Nach einer Pause fährt er fort: »Wie gesagt, der Handpressendruck hat mehr Charakter als der Offsetdruck. Das kommt daher, daß es zu einem direkten Kontakt zwischen den Lettern und dem Papier kommt, man könnte fast sagen, das Zeichen »beißt« sich durch den starken Druck ins Papier hinein. Dadurch entsteht dieser einmalige dreidimensionale Effekt, den auch Büchersammler so sehr lieben.« Tomás Graves ist überzeugt: »Mit dem modernen Offsetdruck und meinem alten Handwerk ist es wie mit den heutigen CDs und den früheren Schallplatten – die einen werden mit Laser abgespielt und klingen perfekt, sind aber ohne Tiefe; die anderen werden mit Hilfe einer Nadel zum Klingen gebracht, sind keinesfalls perfekt, haben aber dafür viel mehr Dynamik, Eigenleben und Aussagekraft!«

»Ich habe 1981 alte Druckmaschinen gekauft und in meinem Haus installiert«, erinnert sich der Buchdrucker, der sein Handwerk in England erlernt hat. »Obwohl schon mein Vater Robert Graves in London im Jahre 1927 eine

E. TAESCH FILS
PARIS

Druckerei gründete und zwei Jahre später damit hier auf die Insel Mallorca ausgewandert ist, mußte ich neu beginnen, denn die Maschinen meines Vaters waren mittlerweile verkauft.« Das Haus war noch da, und er hat es vom Vater geerbt. Tomás Graves war noch keine dreißig Jahre alt, als die *New Seizin Press* in dieser urigen Werkstatt aus der Taufe gehoben wurde.

Tomás und seine Frau Carmen, eine Buchbinderin, etablierten sich schnell: »Mit unseren herrlichen alten Maschinen haben wir unter anderem die Bücher *Eleven Songs*, *On Monday* und *Life of the Poet Gnaeus Robertulus Gravesa* von Hand gedruckt«, erzählt der Unternehmer bewegt. Weniger euphorisch fügt er hinzu, daß dies zwar die positive Seite seiner Arbeit sei, daß damit jedoch kein großes Geschäft zu machen sei. Da der Engländer mit dem spanischen Paß eine Familie zu ernähren hatte, wandte er sich noch anderen Gebieten zu: der Musik, dem graphischen Design und dem Journalismus. So gehört das Gitarrespielen neben dem Buchdruck zu Tomás' frühen Leidenschaften, und schon im Alter von elf Jahren hatte er Erfolg mit diesen beiden für sein Leben entscheidenden Talenten: »Heute verdiene ich mir mein Geld mit beidem«, sagt der Mann, der zum einen 1995 den Buchdrucker-Meistertitel von der spanischen Regierung verliehen bekam und zum anderen als begehrter Gitarrist weit über hundert Konzerte in Spanien und Frankreich gegeben hat.

Auch als Autor versucht er sein Glück – *A Home in Mallorca*, ein Werk, das sich intensiv mit den Traditionen der Insel befaßt, erschien in seinem Verlag. Er möchte einen wesentlichen Beitrag leisten, um »seine« Insel in ihrer schönen ursprünglichen Wildheit zu erhalten. Aus diesem Grund hat er auch an seinem alten Haus baulich nur sehr wenig verändert.

Die besondere Liebe zum Handpressendruck zeigt sich in der Werkstatt von Tomás Graves in der großen Auswahl von Lettern, die er in alten Setzkästen für den Druck aufbewahrt.

Peter Kerssemakers, Antiquar, Amsterdam

In Amsterdam gibt es die unterschiedlichsten Antiquariate: dunkle kleine Läden, in denen man sich an hohen wackeligen Bücherstapeln vorbeiwinden muß; helle große Geschäfte, die sich nicht sehr von normalen Buchläden unterscheiden; Antiquariate zu bestimmten Themenbereichen; elegante feine Geschäfte, in denen die kostbarsten Stücke auf Samtkissen im Schaufenster präsentiert werden, und solche, die auf der Straße in unzähligen Kisten mehr Ware anbieten als im Ladeninneren. Eines ist allen diesen Bücherfundgruben gemein: Das, was die Besitzer selbst am meisten interessiert, bestimmt ihr Angebot. So wie eine private Bibliothek die Seele ihres Besitzers offenbaren kann, geben auch die Bücher in den Antiquariaten Aufschluß über die Interessen ihrer Eigentümer. Bibliophil sind sie alle, manche kann man sicher sogar biblioman nennen.

An der Leliegracht mitten im Herzen der Stadt zu flanieren, in die verschiedenen Antiquariate hineinzuschauen und ein wenig zu stöbern, sollte sich kein Amsterdambesucher entgehen lassen. Das Haus Nummer 50 beherbergt den Book Traffic von Herb Lewitz, in dem auf seinem morgendlichen Bücherspaziergang regelmäßig der Schriftsteller Cees Nooteboom anzutreffen ist. Architekten und Designer sollten nicht am Haus Nummer 42 vorbeigehen. Eine riesengroße Auswahl an alten Bänden ihrer Fachrichtung wird hier bereitgehalten.

In einem schmalen Fachwerkhaus in der Leliegracht 36 direkt am Wasser bietet Peter Kerssemakers vor allem Bücher über das Mittelalter und die Renaissance an. Seit über zwanzig Jahren steht er in seinem kleinen Eckladen Hieronymus Bosch und freut sich, wenn er von seinen Kunden – Bücherfans jeder Altersstufe und Nationalität – lernen kann. Da ihm die Geschichte des Mittelalters und der Renaissance sehr am Herzen liegt, hat er viele seiner 10 000 Bände selbst gelesen. »Einen Fernseher besitze ich nicht«, erzählt der Holländer, »zu Hause lese ich und höre Musik – das ist doch herrlich und völlig ausreichend.« Und fast entschuldigend fügt er hinzu: »Schließlich ist das Mittelalter mein Hobby.«

Von außen und innen ein Schatzkästchen: In seinem Antiquariat Hieronymus Bosch in einem Amsterdamer Giebelhaus bietet Peter Kerssemakers Trouvaillen zu den Themen Mittelalter und Renaissance an.

Lesen, lesen, lesen: Das Lesen als Passion liegt Peter Kerssemakers im Blut. Schon sein Vater übte den Beruf des Antiquars aus, und so wurde auch zu Hause stets über Bücher gesprochen. Am liebsten unterhält sich der Holländer mit seinen Kunden, um sie zu beraten und »um von ihnen zu lernen«.

Schon Kerssemakers' Vater führte sein eigenes Antiquariat, und daher kennt der Sohn es gar nicht anders, als daß sich das Leben um Bücher dreht. Sein eigenes Geschäft hat er nach Hieronymus Bosch, dem faszinierenden und rätselhaften niederländischen Maler des späten 15. und frühen 16. Jahrhunderts, benannt. »Ich komme aus der Nähe von Brabant, wo er auch lebte«, erklärt der Antiquar, doch darin liegt sicher nur ein Grund.

Bücher kaufen und verkaufen ist ein Teil des Geschäfts. »Noch wichtiger ist die Beratung, das gemeinsame Diskutieren über ein Werk, auch Aufklärung gehört dazu, und natürlich das Lernen von meinen Kunden«, so die Überzeugung von Peter Kerssemakers. Im selben Moment wendet er sich mit ernstem Gesicht einem jungen Kunden zu, der sich für ein Buch in russischer Sprache über Ikonenmalerei interessiert. An Museen, an Wissenschaftler und an Sammler versendet der Antiquar jährlich fünf Kataloge mit jeweils rund fünfhundert Titeln seiner Bücher, »so daß meine Angebote auch in die äußersten Winkel dieser Erde gelangen.«

Über Bücherpreise redet Peter Kerssemakers wie die meisten Bibliophilen nur ungern: »Schreiben Sie: zwischen fünfzig und 5000 Gulden.« Genug Bücher kann der Mensch nach Ansicht des Antiquars nie besitzen. Er selbst hält sich bei deren Auswahl an den Philosophen Seneca, der meinte: »Man schaffe sich daher so viele Bücher an, als genug ist, aber keine des bloßen Prunks wegen.«

Cees Nooteboom, Schriftsteller, Amsterdam

Lesen hält jung, das ist eine alte Weisheit; Lesen hält lebendig, das ist essentiell; und Lesen öffnet bekanntlich die Augen.« Bevor Cees Nooteboom etwas schreibt, das in fremden Ländern und Kulturen spielt, scheint er gerade den letzten Teil seiner Devise zu beherzigen: Er begibt sich in andere Regionen und Kulturkreise, lebt und arbeitet, liest viel über Land und Leute und versucht, ein Gefühl für die Besonderheiten der Kulturen zu bekommen – so geschehen für *Mokusei!*, die Liebesgeschichte mit dem japanischen Hintergrund, für den in Spanien spielenden Roman *Der Umweg nach Santiago* oder für sein neuestes Buch *Allerseelen*, in das Berliner Erfahrungen einflossen.

Weiß man von dieser Art der Recherche, so sind auch schon einige der Quellen entdeckt, aus denen die Bücherströme fließen, die die Regalwände in dem romantischen fünfstöckigen Giebelhaus von 1730 überschwemmen. Seit dreißig Jahren wohnen hier der vielgereiste Schriftsteller und seine Frau, die Fotografin Simone Sassen. »Ich kaufe, wo immer ich auf der Welt herumreise, Unmengen von Büchern und wundere mich dann, wenn nach einem Jahr zum Beispiel per Seepost Bücher aus Australien ankommen.« Sein urgemütliches Haus steht ganz in der Nähe einer Gracht mitten in Amsterdam. Beim Eintreten ist vor lauter Bücherwänden nicht gleich auszumachen, ob man sich im Wohn-, im Arbeits- oder im Schlafzimmer befindet; allein die Küche ist trotz der vielen Bücher unschwer als solche zu erkennen. Die überall herumliegenden Bücherberge lassen darauf schließen, daß hier richtig mit ihnen gearbeitet wird. »Gott sei Dank weiß ich nicht, wie viele Bücher ich besitze«, meint der holländische Autor, »sonst würde ich mich ja verrückt machen.« Trotzdem sagt er von sich: »Ich bin ein Bücherschreiber und kein Büchersammler.«

Mit diesem Satz führt er in sein persönliches Arbeits- und Lesereich unter dem Dach des Hauses. Das Giebelzimmer wirkt durch die Holzverstrebungen und Holzregale wie ein auf den Kopf gestellter Schiffsrumpf. »Unsere Putzfrau weigert sich, hier hinaufzukommen, das ist ihr zu viel«, erklärt Cees

Oben: Cees Nooteboom kann an keinem Antiquariat vorbeigehen, ohne wenigstens schnell einen Blick hineinzuwerfen. Folgende Doppelseite: In jedem Zimmer seines Hauses stehen und liegen eine noch nie gezählte Menge von Büchern.

THE ART OF TED HUGHES
NOTEBOOK
Bernhard Der Untergeher
CATHEDRAL
Breakfast at Tiffany's
Truman Capote
RAYMOND CHANDLER
BRUCE CHATWIN
Hopscotch Julio Cortázar
BITTER LEMONS
The Golden Bowl
WALLACE STEVENS
ECO
The Island of the Day Before
WILLIAM FAULKNER
F. Scott Fitzgerald
DE TIJGERKAT
The Company She Kept
MARY McCARTHY
THOMAS MANN

CATCH-22
SLAUERHOFF
NABOKOV
NABOKOV
PALE FIRE
MARCEL PROUST
The Proust Screenplay
PAUL THEROUX
TURGENEV
Thomas Mann Doctor Faustus
"GLORIA MARIS"
Shells
The Hamlyn Guide to Shells of the World
Olof Lagercrantz Marcel Proust oder Vom Glück des Lesens

Nooteboom nach dem Aufstieg über eine steile Treppe in diese Bücherkemenate. An den beiden Schreibtischen entwickelt und verfaßt er einen Teil seiner Werke: An dem kleinen brütet er Gedanken aus, macht Notizen und entspannt sich zwischendurch; an dem großen schreibt er.
Unten im Salon kommt Nooteboom freimütig auf seine Sammelleidenschaft zurück. Vor über fünfzehn Jahren, als er auf einer Buchmesse den wunderschönen Band *The Natural History of British Shells* von Edward Donovan aus dem Jahre 1804 entdeckte, erwachte seine Vorliebe für Muscheln. »In diesem Buch stecken Hunderte von handaquarellierten Muschelstichen«, erzählt er beim Durchblättern begeistert, »und diese Muscheln haben mich schon immer fasziniert. In einem Gedicht heißt es: ›Geschlossen wie ein Stein, offen wie eine Muschel.‹«
Von den meisten der unzähligen Muschelbücher, die dem einen folgten, hat sich der Schriftsteller inzwischen wieder getrennt. »Die Muschelbücher wur-

Bis unter den letzten Giebel reichen die Bücherregale im Hause Nooteboom. Die Literatur in diesem Raum ist unter anderen dem Reisen, fernen Ländern und fremden Völkern gewidmet.

den zu einer Art Obsession«, erinnert er sich, »ich war ständig auf der Suche nach einem neuen Buch. Mir wurde das Ganze irgendwie unheimlich – ich wurde zum getriebenen Menschen.« Vor einer möglichen zweiten Obsession hat ihn auf besagter Messe ein unbekannter Sammler bewahrt. Als der sah, daß Nooteboom das Muschel- *und* ein Schlangenbuch unter dem Arm hatte, tippte er ihm von hinten auf die Schulter. Er mache gerade einen Fehler, er müsse sich entscheiden, die Muscheln *oder* Schlangen, sicher nicht beides. Nooteboom entschied sich für die Muscheln.

Mit einem Anflug von Nostalgie präsentiert er die verbliebenen prachtvollen Bände, die heute mit Werken von Talleyrand, Plutarch, Voltaire und mit vielen Erstdrucken des holländischen Dichters Jan Jacob Slauerhoff zusammenstehen. Daneben ist ein ganzes Fach dem russischen Schriftsteller Vladimir Nabokov gewidmet. Cees Nooteboom greift aus dieser Reihe einen Erstdruck von *Lolita* heraus, der ihm ganz besondere Freude macht. Und weil ihm ausgefallene Wortfolgen großen Spaß bereiten, hat der tiefsinnige Autor das *Woordenboek der Nederlandsche Taal* vollständig bei sich zu Hause stehen. »Das ist ein Wörterbuch, dessen erster Band 1888 erschien, und erst kürzlich sind wir bei Z angelangt. In diesen alten Bänden herumzustöbern, ist herrlich, denn immer wieder stößt man auf Worte, die heute gar nicht mehr gebräuchlich sind, die aber genau das ausdrücken, was man sagen möchte.«

Zum Umgang mit Büchern gibt der Kenner eine Erkenntnis lächelnd mit auf den Weg: »Man darf nicht glauben, daß man mit dem Kauf eines Buches auch gleich den Inhalt ins Gehirn bekommt – das ist bekanntlich ein trügerischer Irrtum.«

Oben: Ein altes Pult aus einem Klassenzimmer dient dem Schriftsteller als Unterlage, wenn er in schnurgerader Schrift in seine Notizbücher schreibt. Unten: Die Welt der Muscheln faszinierte Cees Nooteboom über lange Jahre hinweg in einer Weise, daß diese Leidenschaft fast zur »Obsession« wurde. Inzwischen sind die meisten Muschelbücher wieder verkauft, von der Natural History of British Shells von Edward Donovan würde er sich aber nie trennen.

zapf umzüge
030-61061
zapf umzüge
zapf umzüge
Das Ufa-Buch
GOYA
Die zehnte Muse

Volker Kühn, Autor und Regisseur, Berlin

Auf die Frage, was ihm Bücher bedeuten, antwortet Volker Kühn, wie es ein Satiriker und Kabarettexter erwarten läßt: »Einiges, viel, sehr viel. Sie können das Nichtgewünschte streichen.« Der Mann, der 1973 zusammen mit Dieter Hildebrandt die Fernsehsendung *Notizen aus der Provinz* ins Leben rief und der die Filmsatiren *Die halbe Eva, Euer Clown kann ich nicht sein, Hochkant* und *Der Eremit* geschrieben und inszeniert hat, lebt mit seinen Büchern »nach einem chaotischen Ordnungsprinzip«. Chaos und Ordnung – ein Widerspruch in sich? Nicht bei Volker Kühn.

Der Autor, Songtexter und Regisseur sitzt auf Bananenkartons. Nein, das ist nicht seine persönliche Note. Er ist gerade umgezogen, und in der neuen Wohnung hat noch nicht alles seinen Platz gefunden. Zwar stehen die Bücher mittlerweile in allen Zimmern auf den Regalbrettern verteilt, über ihre Anzahl kann Volker Kühn jedoch keine Auskunft geben. Das interessiert ihn auch gar nicht. »Da müßte ich sie ja zählen«, meint der Theaterautor, dessen Stücke in ganz Deutschland gespielt werden, »aber das Wichtigste ist darunter. Das Allerwichtigste liegt in Griffnähe auf meinem Schreibtisch oder auf diversen Ablagen, im Hausflur, in der Küche und neben dem Bett.« Was er ganz sicher nicht mache, sei Bücher zu sammeln, »denn ich habe die Erfahrung gemacht, daß die sich so oder so von selbst sammeln.«

Wie andere passionierte Leser auch, verbindet Volker Kühn besondere Begebenheiten und wichtige Begegnungen mit vielen seiner Bücher. Kurt Tucholskys *Gruß nach vorn* zum Beispiel war das erste Buch, das er sich vom eigenen Taschengeld gekauft hat. Er las sich gleich fest: »Ich nahm es zu meinem ersten Rendezvous mit und vergaß darüber die Hauptsache!«

Kühn, der mit *Bankers Opera* am Düsseldorfer Schauspielhaus erfolgreich war und dessen *Marlene* in Berlin ein Bühnenhit wurde, liest ständig. »Ich lese jederzeit. Überall. Wann und wo auch immer: morgens, mittags, abends, nachts. In überdachten Räumen und im Freien. In Bus und Bahn, im Auto und im Flieger.« Auf die Frage, wen er gern einmal in seiner Bibliothek begrüßen würde, antwortet er prompt: »Einen Analphabeten.«

Daß sich Bücher gerne selbst ansammeln, beweist die neu eingerichtete Bibliothek des Berliners Volker Kühn. Seine Lösung: Ein Leben mit Büchern nach einem chaotischen Ordnungsprinzip, in welchem nur er sich auskennt.

Siegfried Schmidt-Joos und Kathrin Brigl, Autoren, Berlin

Bücher, Blätter, bunte Blumen: In ihrem Arbeitszimmer hat Kathrin Brigl aus Literatur, handgeschriebenen Notizen und Erinnerungsstücken ein Stillleben kreiert.

Seine Lieblingsmusiker sind alle textlastig: Bob Dylan, John Lennon, Alexis Korner, Cole Porter, George & Ira Gershwin und Stephen Sondheim. Der Autor, Musical-, Rock- und Jazzspezialist Siegfried Schmidt-Joos teilt mit diesen Komponisten und Sängern die Liebe zur Musik und zum geschriebenen Wort.

Mit 40 000 Schallplatten und einer Unmenge von Büchern zogen Schmidt-Joos und seine Frau, Kathrin Brigl, vor zwanzig Jahren nach Berlin. »Von der Hälfte der LPs haben wir uns mittlerweile getrennt«, erzählt der Mann, dessen umfangreiches *neues rocklexikon* fast eine halbe Million mal verkauft wurde. »Es macht wenig Sinn, eine Platte zu behalten, die man zwanzig Jahre nicht mehr gehört hat. Platten von Künstlern hingegen, mit denen mich eine besondere Beziehung verbindet, die würde ich nie weggeben.«

Trotz seiner riesengroßen Plattenkollektion sei er aber kein Sammler mit Anspruch auf Vollständigkeit, betont der Musikjournalist. Allerdings sind die in den USA veröffentlichten Musical-LPs fast vollzählig bei ihm zu finden. »Alles über das Musiktheater, den Broadway, die US-Popmusik, Rock, Jazz, Blues, Gospelmusik und die beruflichen Karrieren vieler Liedermacher – das macht meine große Arbeitsbibliothek hier in Berlin aus«, erklärt Sigi Schmidt-Joos mit Blick auf die Bücherberge. »Die Belletristik steht in unserem Haus auf Ibiza.«

Auf ihren vielen Reisen landen der Musikkenner und seine Frau stets in »ihren« Spezialbuchhandlungen. »Es sind magische Räume«, erklärt Schmidt-Joos, »die uns unwiderstehlich anziehen. Wir verlieren uns dort in den Büchern und finden nur schwer in die Realität zurück. Ob Kiepert in der Hardenbergstraße in Berlin, Barnes & Noble am Lincoln Center in New York, das Libro Azul auf Ibiza, ob das Antiquariat Fishermen's Bookshop an der New Yorker 47th oder das Drama Bookshop an der Seventh Avenue – »wir verlassen die Geschäfte fast immer mit einem Buch.«

Während Siegfried Schmidt-Joos alle Werke von seinem nach eigenen Bekunden »journalistischen Lehrmeister« Arthur Koestler besitzt und immer

Der Musik hat der Rock- und Jazzspezialist Siegfried Schmidt-Joos eine Ecke im Salon gewidmet. Viele der Musiker, denen die zahlreichen Monographien in den Regalen gewidmet sind, sind Freunde von ihm – wie Tony Bennett.

wieder liest, hat sich Ehefrau Kathrin Brigl Kurt Tucholsky verschrieben. »Dieser Mann ist mein Lehrer und Seelengefährte. Sein Humor, sein Talent, seine Melancholie, seine ironische Intelligenz, so voller Menschenwärme, dies alles hat mich sehr berührt.« Die Schriftstellerin, Songtexterin und Moderatorin geht in ihrer Ode an das Buch noch einen Schritt weiter: »Bücher haben mir mein ganzes Leben lang alles bedeutet. Ja, ich behaupte sogar, daß mein ganzes Leben ein großes Buch ist, in dem ich von Seite zu Seite – neugierig und aufgeregt – der Weiterentwicklung meiner eigenen Story folge.«

Als Kathrin Brigl 1976 ihr erstes Buch schrieb, den Roman *Nur ein bißchen Zärtlichkeit*, machte die Berlinerin eine seltsame Entdeckung: »Ich erfand Figuren, von denen ich selbstverständlich annahm, daß sie auf mein Kommando hören, ihre Entwicklung meiner Phantasievorstellung folgt. Mitnichten. Die Romanfiguren machten sich selbständig und weigerten sich, bestimmte Dialoge zu führen und bestimmte Handlungen zu vollziehen. Sie waren lebendig und eigenständig geworden.«

Das Musikzimmer ist fast eine Hommage an die Langspielplatte. Ein Teil der einst 40 000 LPs schmückt eine ganze Wand. Kathrin Brigl und Siegfried Schmidt-Joos posieren neben einem indischen Stuhl, der mit Tamburins behängt ist.

Brenda Lee
RAY CHARLES
Genius & Soul

Maren Sell, Schriftstellerin und Verlegerin, Paris

Im Herzen von Paris, nahe der Seine, in einem Haus, in dem in den 1940er Jahren der Maler Max Ernst wohnte, hat sich Maren Sell zusammen mit ihrer Familie ein wunderbares Ambiente geschaffen. Der mittlere Salon beheimatet ihre Bibliothek. Hohe Bücherwände geben dem pastellfarbenen Raum seinen Charakter. Dickwattierte Seidenvorhänge mit antiken Bordüren sind zur Seite geschoben, Rollos verdecken die oberen Fensterpartien. Der hohe große Raum ist in helles Licht getaucht. Aufgeschichtete Bücherberge auf einer Ablage, ungeordnet oder noch verpackt, verraten, daß hier viel gelesen wird.

Maren Sell ist Schriftstellerin und Verlegerin und hat ihre vielen Tausend Bücher nach einem eigenen System geordnet: »Links neben der Tür die deutsche klassische Literatur, philosophische Werke und Essays, in der Mitte die Werke, die ich am liebsten mag – englische, französische, holländische, schwedische und auch osteuropäische Autoren –, rechts stehen nur Bücher in französischer Sprache. Und auf der Ablage liegen alle Bücher, die es noch zu bearbeiten gilt, in die ich hineinlesen muß, die ich vielleicht aber auch verschenke.«

Schon als junges Mädchen hat die spätere Autorin sehr ausgesucht gelesen. Während ihre Klassenkameraden in Flensburg, ihrer Geburtsstadt, Kriminalromane verschlangen, war sie von Kafka, Rilke und Hugo von Hofmannsthal begeistert und hat sich mit Camus, Sartre und Montaigne auseinandergesetzt. Während des Studiums der Romanistik und Germanistik im süddeutschen Freiburg schloß sie sich der Studentenbewegung an und siedelte im Mai 1968 nach Paris über. »Auch dort engagierte ich mich politisch und traf mit Jean-Luc Godard, Jean-Paul Sartre und Roland Barthes zusammen. Über letzteren schrieb ich dann meine Dissertation«, erinnert sich die vielseitige Autorin, »und ich war dabei, als die Zeitung *Libération* gegründet wurde, bei der ich bis 1975 mitwirkte – das waren Zeiten, die waren einmalig!« Schon als Studentin kämpfte sie intensiv für die Rechte der Frauen und führte später in der *Libération* eine Seite von Frauen für Frauen ein.

Oben: Maren Sell lebt in einer großzügigen Pariser Wohnung, in der Bücher die Hauptrolle spielen.
Rechts: Im gelben Salon kombiniert die Schriftstellerin ihre Bücher, die nach Sprachen und Ländern sortiert sind, mit gemütlichen Sesseln, vielen Bildern und Erinnerungsstücken aus Asien.

LE MARAIS
TERRE DES DIEUX
REMBRANDT
LA CHAMBRE DES EPOUX

Zu jener Zeit begegnete Maren Sell einer für ihr Leben wegweisenden Persönlichkeit: Hélène Cixous, die an der Pariser Universität das Département d'études féminines leitete. Von ihr bekam sie den Anstoß, die Geschichte ihrer Jugend aufzuschreiben. So erschien 1978 Maren Sells erster Roman unter dem Titel *Mourir d'absence.* »Ich habe darin beschrieben, was es heißt, 1945 als Deutsche geboren zu sein, welche Schwierigkeiten meine Generation hat, mit der Vergangenheit fertig zu werden, und warum ich schlußendlich das Exil gewählt habe.« Es ist ein politisch-poetisches, in französischer Sprache geschriebenes Buch, »da ich damals zehn Jahre lang nur französisch sprach.«

Oben: Schlicht und funktional ist das Arbeitszimmer der Autorin. Hier möchte Maren Sell ungestört schreiben können.
Links: In den Regalen dieses hohen schmalen Flurs stehen und liegen großformatige Kunstbücher. Der Paravent (rechts) stammt aus dem späten 19. Jahrhundert.
Im Hintergrund ist der formellere Salon mit dem Flügel zu erkennen.

Als Mitglied der politisch-journalistischen und intellektuellen Szene traf Maren Sell mit vielen Schriftstellern zusammen. 1980 hat sie den Verlag Lieu Commun mitgegründet und sechs Jahre später ihren eigenen Verlag, die Maren Sell Edition, ins Leben gerufen. »*Un éditeur européen* war unser erster Slogan«, erzählt die Verlegerin, »*découvrir l'europe des écrivains* – wir schufen eine kleine europäische Bibliothek des 20. Jahrhunderts in französischer Sprache.« Für ihr Engagement wurde Maren Sell 1995 als eine der »Frauen für Europa« ausgezeichnet, eine besondere Ehrung, die alljährlich einer herausragenden weiblichen Persönlichkeit zuerkannt wird. Der Jury gehören Journalisten und Parlamentarier an.

Mittlerweile hat die Mutter dreier Kinder – der tibetische Junge Kunga ist adoptiert – ihren Verlag an die Editions Calmann-Lévy verkauft und arbeitet sowohl als Lektorin als auch als Schriftstellerin. »Ich sehe mich als Vermittlerin zwischen der deutschen und der französischen Kultur«, erklärt Maren, deren dritter Roman, *Der letzte Liebhaber*, in fünf Sprachen übersetzt wurde. Zu Büchern hat die Fachfrau nach wie vor ein komplexes Verhältnis: »Als ehemalige Verlegerin sehe ich im Buch einmal das physische Objekt, für das ich Papier, Schriftmuster und Illustrationen auszuwählen habe. Ich sehe mich selbst aber auch als eine Art ›Gebärmutter‹, die neue Schriftsteller und ihre Werke hervorbringt und damit dem Buch als solchem Leben schenkt. Außerdem bin ich stets auf Harmonie zwischen Form und Inhalt bedacht.«

In ihrem Zuhause, und nicht nur in der Bibliothek, ist diese Harmonie von Form und Inhalt allgegenwärtig.

Mário Soares, Politiker und Autor, Lissabon

Mário Soares hat das moderne Portugal maßgebend mit aufgebaut. Sein Name steht für den Widerstand gegen die portugiesische Diktatur der 1940er bis 1960er Jahre. Er ist der Spiritus rector der sozialistischen Partei seines Landes, die er 1973 im Untergrund gegründet hat und der er dreizehn Jahre als Generalsekretär vorstand. Seit seiner Rückkehr aus dem französischen Exil am 25. April 1974, in das er 1970 verbannt wurde, bestimmt er die Politik Portugals wieder mit.

Auf der schmalen Ablage des Bücherregals hinter dem exquisiten antiken Schreibtisch stehen silberne Bilderrahmen mit Fotos von Altbundeskanzler Helmut Kohl, dem verstorbenen SPD-Politiker und Vorsitzenden der Sozialistischen Internationale Willy Brandt, dem spanischen Königspaar Juan Carlos und Sophia und Palestinänserführer Yasir Arafat – alle versehen mit handgeschriebenen persönlichen Widmungen. An der braunen Holzwand hängt eine Zeichnung von Picasso, gegenüber das farbenfrohe Gemälde eines brasilianischen Künstlers. Wir befinden uns im dritten Stock eines umgebauten alten portugiesischen Stadthauses in Lissabon und warten in seinem Arbeitszimmer auf Mário Soares, den ehemaligen Präsidenten der Republik Portugal.

Doch Mário Soares empfängt uns nicht in politischer Funktion, sondern in seiner »zweiten, mir ebenfalls ganz nahen Bestimmung«, wie er betont, »als Philosoph, als Literat, als Bibliophiler, als Archivar.« Der promovierte Historiker und Philosoph, der außerdem das Jurastudium an der Universität von Lissabon mit Diplom abschloß, ist ein wahrer Homme de lettres. Aufgewachsen in einem Elternhaus, in dem Literatur und Geschichte zu den Gesprächsthemen am Mittagstisch gehörten, fühlte sich der junge Mário schon sehr früh hingezogen zu der umfangreichen Bibliothek seines Vaters. »Mein Vater João war Professor der Geschichte und Geographie und ein großer Büchernarr«, erinnert er sich. »Ich fing bereits mit sechs Jahren an, in seiner Bibliothek alle Abenteuer- und Detektivgeschichten herauszusuchen und später, mit sechzehn Jahren, die portugiesische, russische, englische und spanische Literatur zu verschlingen.«

Hingebungsvoll und begeistert erzählt Mário Soares, hinter seinem eleganten Schreibtisch sitzend, von seiner Bücherwelt – in Französisch, seiner zweiten Sprache. Der große Mann spricht mit reicher Gestik und Mimik, vor allem mit den Augen. Die funkeln vor Enthusiasmus, wenn er von seinen rund 50 000 Büchern redet, die er in seinem Leben – viele davon in den zehn Jahren seiner Präsidentschaft von 1986 bis 1996 – gesammelt, gekauft

Mário Soares thront hinter einem großen Schreibtisch, umgeben von Büchern und Fotos, die ihm Persönlichkeiten aus aller Welt gewidmet haben.

und geschenkt bekommen hat. »Von berühmten Autoren bekam ich Werke mit ihren Signaturen, von vielen Politikern ihre gesammelten Ideen mit speziellen Widmungen«, fährt er im Eiltempo fort, »und nicht zu vergessen sind all die seltenen Bücher, die alten Pamphlete, die zerlesenen Erstausgaben, die ich noch heute in den Antiquariaten in der Stadt zusammensuche.«

Lissabon ist eine Metropole mit alteingesessenen, oft leicht angestaubten Buchhandlungen und Antiquariaten, in deren Bücherbergen und Kisten gestöbert und gewühlt werden darf. Dort fühlt sich der ehemalige Landesvater ausgesprochen wohl, denn das Sammeln von Papieren jeglicher Art ist ihm »ein ganz großes Bedürfnis, das ich einfach befriedigen muß.«

Das Haus, in dem der Politiker und Schriftsteller seine Büronachmittage verbringt, ist das Herz der Fundação Mário Soares, seiner 1991 gegründeten Stiftung, in der für Menschenrechte, für eine soziale Politik und für internationale Verständigung gekämpft wird. Soares führt uns durch das mehrstöckige Gebäude, sein besonderer Stolz aber gilt dem Archiv im Keller. »Es gibt kein Schriftstück, kein Dokument, keine Vereinbarung, keine Rechnung, keinen Brief, keine Quittung, kein Notizblatt, das ich im Laufe meines politischen Lebens dem Abfalleimer anvertraut hätte, jedes Stück habe ich behalten.« Über drei Millionen Unterlagen zählt das Archiv, alle elektronisch gespeichert. Offizielle Papiere, die für die Geschichte Portugals im 20. Jahrhundert von unschätzbarem Wert sind, sind hier ebenso gelagert wie private Schriftstücke sowie Video- und Fotosammlungen, die bekannte Widerstandskämpfer ihrem Freund überlassen haben – und eigene Publikationen: Mário Soares ist Mitglied der ehrwürdigen Schriftstellergesellschaft Portugals und hat seine unzähligen Artikel, Kommentare, Abhandlungen sowie die Reden, die er während seiner Präsidentschaft von 1986 bis 1996 gehalten hat, in den mehrbändigen *Intervenções* veröffentlicht. Überdies beherbergt der Keller den Großteil der wichtigsten Dokumente der kommunistischen Partei Portugals. Auf Mário Soares' sympathischem Antlitz breitet sich ein spitzbübisches Lächeln aus. »Dies entbehrt doch nicht einer gewissen Komik, oder?« fragt der über die Grenzen seines Landes hinaus berühmte Politiker, der zeit seines Lebens ein kritisches Verhältnis zum Kommunismus pflegte.

Stephen Calloway, Schriftsteller, Brighton

»Forschen« und »sammeln« sind für Stephen Calloway magische Wörter. Bis der Autor ein neues Werk beendet hat, sammelt er jahrelang die nötige Literatur, die er dann, nach Sachgebieten geordnet, wie hier auf einem langen Tisch immer griffbereit aufbewahrt.

Selbstinszenierung hat einen Namen: Stephen Calloway. Dieses urenglische *stiff-upper-lip*-Gehabe, diese wilde Haarpracht, dieser perfekt gedrehte Schnurrbart, die runde Nickelbrille, das farbige Plastron unter dem steifen Kragen und die beeindruckende Siegelkette auf der Weste passen perfekt zu dem Gesamtkunstwerk, das Stephen Calloway am liebsten darstellt – einen englischen Dandy aus der Zeit der Jahrhundertwende. Der Schriftsteller, der fünfzehn kulturhistorische Bildbände und Bücher über die Kulturgeschichte des Geschmacks sowie über Einrichtungsstile und exotische Sammelgebiete geschrieben hat, bevorzugt eine ganz besondere Zeit: die 1890er Jahre.

Alles, was sich in den Jahren vor der Jahrhundertwende rund um den Erdball abgespielt hat, zieht den Kulturhistoriker und Kurator des Londoner Victoria & Albert Museum in seinen Bann. Stephen Calloway sammelt Belletristik und illustrierte Bücher aus dieser Zeit. Seine Vorliebe gilt den »illustrierten« Büchern, denn, so Calloway: »Schon Alice im Wunderland meinte: ›Was nützt ein Buch ohne Bilder und ohne Zwiegespräche?‹«

So hat der leidenschaftliche Verfechter von Ästhetik und Stil dem jung verstorbenen Schriftsteller und Buchillustrator Aubrey Beardsley, der eine der führenden Gestalten der englischen L'art-pour-l'art-Bewegung war, sein jüngstes Werk gewidmet. Themen in Calloways Büchersammlung sind die Präraffaeliten – eine 1848 gegründete Künstlervereinigung, die an die italienischen Maler vor Raffael anknüpfen wollte –, die Kunst des guten Geschmacks sowie die exzentrischsten Sammler dieser Welt. Während der Büchernarr, der »gar nie, wirklich gar nie, an einem Buchladen vorbeigehen kann, ohne hineinzuschauen«, von seinem Lieblingsthema spricht, zupft er unentwegt an seinem Schnurrbart und zeigt auf die unzähligen Bücherregale, die seine zigtausend Bücher und seine Schachteln voller alter Medaillons, Zeichnungen und Statuetten tragen. Ohne Bücher könne er nicht leben, betont Calloway. »Sie sind gleichzeitig meine Nachschlagewerke für alles, was ich ohne Nachzuschauen nicht mehr weiß.« Doch nicht nur lesen will der

Bücher, die über den Schlaf wachen, sind in diesem gemütlich eingerichteten master bedroom neben einem kleinen Kamin untergebracht.

kulturbeflissene Schriftsteller seine Bücher, er will sie auch anschauen. »Viele Bücher kaufe ich einfach nur ihres einmaligen, wunderbaren Einbandes wegen, oder weil sie so schön prächtig und aufwendig gedruckt sind«, fährt er leidenschaftlich fort, »oder weil sie in eines meiner Sammelgebiete passen – in das der Dandys zum Beispiel.«

Mit »Modenarr« und »Geck« umschreibt der deutsche Brockhaus den englischen Dandy. Doch darüber kann Stephen Calloway nur lächeln. Für ihn, die moderne Verkörperung des Dandy der 90er Jahre des 19. Jahrhunderts, ist ein Dandy viel mehr. Er ist eine Mischung aus Esprit und Allüren, d.h. eine Mischung aus Geist, Witz, Sensibilität und vollkommenem Benehmen. Die angelsächsischen Dichter des Schönheitskultes, der Gesellschaftskritik und der ästhetisch-emotionalen Weltanschauung wie Oscar Wilde, Lord George Byron, Dante Gabriel Rossetti, Sir Max Beerbohm oder Horace Walpole gehören zu den Literaten, denen Stephen Calloway gerne persönlich begegnet wäre und mit denen er sich einen Gedankenaustausch wünschte. Am allerliebsten aber hätte er Leonard Smithers getroffen, »den faszinierenden und skurrilen Verleger von Oscar Wilde und Aubrey Beardsley«.

Aus der Antike liegt Calloway besonders der römische Schriftsteller Petronius Arbiter am Herzen, der am Hofe Neros eine große Rolle spielte, denn Petronius galt als Meister der Kunst feinsten Lebensgenusses.

Skurril und dandyhaft: Der englische Autor Stephen Calloway hat sich – auch mit seiner Büchersammlung – der Zeit um 1890 verschrieben. Sein Arbeitszimmer gleicht mit seinen Schätzen einem eklektischen antique shop, in dem aber auch Objekte aus dem 18. Jahrhundert zu bewundern sind.

SPENCER
VICTORIAN ST
THE ENGLISH
DAVID An
Germain Bazin
The History of World Scu

Daniel Keel, Diogenes Verlag, Zürich

Der Bilderrahmen auf Daniel Keels Schreibtisch im Zürcher Verlagshaus enthält kein Familienfoto, sondern nur die drei Worte *read my books*. Das beherzigt er auch selbst, denn das Lesen ist seine Hauptbeschäftigung. Seine Funktion als Verleger beschreibt er als »Mädchen für alles«, eine Kombination aus Amme und Butler, »ein etwas abenteuerlicher Butler, der gleichzeitig mehreren Damen und Herren dient, meistens Damen und Herren ohne Geld, für die ich bei wieder anderen Abenteurern – zum Beispiel bei Bankiers – Geld pumpe, um Bücher machen zu können, die hoffentlich auch anderen Leuten gefallen.«

Daniel Keel ist Chef des Diogenes Verlages. Sein Leitsatz »Jede Art zu schreiben ist erlaubt – nur die langweilige nicht!« stammt übrigens nicht von ihm, sondern von Voltaire, aber er bescherte ihm bereits siebenundvierzig erfolgreiche Jahre mit 4600 verlegten Büchern. Die Backlist umfaßt 1700 Buchtitel, darunter ins Deutsche übertragene Werke internationaler Bestsellerautoren wie Patricia Highsmith, Eric Ambler, John Irving, Susanna Tamaro, Donna Leon, oder Romane deutschsprachiger Schriftsteller wie Alfred Andersch, Friedrich Dürrenmatt, Bernhard Schlink, Erich Hackl, Ingrid Noll, Sibylle Mulot, Doris Dörrie und Patrick Süskind.

Sein Leben als Verleger läßt Keel wenig Zeit für andere Dinge als das Lesen. »Ich lese auch viele Bücher, die ich dann nicht verlege. Ich lese nachts, am Wochenende oder in meinen sogenannten Ferien.« Viel Zeit braucht er für seine Autoren, und manchmal auch für das Verwöhnen seiner Crew. Doch das zahlt sich aus: Federico Fellini, Georges Simenon und Slawomir Mrożek hat er an sich gebunden, und für Woody Allens Drehbücher besitzt Diogenes die europäischen Exklusivrechte. Daniel Keel behauptet von sich, absolut nicht schreiben zu können – »nur lesen«. Damit auch in Zukunft nicht zuletzt die Befriedigung seiner eigenen Lesefreude gewährleistet ist, hat sich der Verleger etwas Besonderes einfallen lassen: »Für fünf Mark Weltliteratur im Hosentaschenformat in den neuen *Kleinen Diogenes Taschenbüchern* in einer Gesamtauflage von 2,8 Millionen Stück – nicht schlecht, oder?«

Daniel Keel bei der Arbeit: Der Chef des Zürcher Verlages Diogenes konnte eine Reihe der bekanntesten Autoren an sein Haus binden, darunter Patrick Süskind, dessen Roman Das Parfum in über dreißig Sprachen erschien. Allein die deutsche Auflage hat sich 2,5 Millionen mal verkauft.

Der sechste Fall des Kult-Commissarios«
Frankfurter Rundschau
Donna Leon
Sanft entschlafen
Commissario Brunettis sechster Fall
Roman · Diogenes
»Röslein wehrte sich und stach ...«
Ingrid Noll
Röslein rot
Roman · Diogenes
Der Briefwechsel der beiden berühmtesten Schweizer Autoren des 20. Jahrhunderts
Max Frisch
Friedrich Dürrenmatt
Briefwechsel
»Eines der großen literarhistorischen Dokumente dieses Jahrhunderts.«
Diogenes
Diogenes
»Neben Gabriel García Márquez der meistgelesene lateinamerikanische Schriftsteller der Welt.«
The Economist, London
Paulo Coelho
Der Alchimist
Gesamtauflage 16 Millionen
Diogenes
RELAX
FARMER
Crunchy
LEXIKON LINKER LEITFIGUREN
ENCYCLOPEDIA OF FILM
WHO'S WHO IN GRAPHIC ART
Die Kunst Italiens
DIE IMPRESSIONISTEN